RÉSONANCES

collection dirigée par Étienne CALAIS

Étude sur

Béroul

Tristan et Yseut

ou

Le Roman de Tristan

Catherine Durvye
Agrégée de Lettres classiques
Professeur en classes préparatoires au lycée Lakanal

ellipses

Dans la même collection

RÉSONANCES – ÉTUDES SUR…

• *Antigone,* Anouilh • *Alcools,* Apollinaire • *Aurélien,* Aragon • *La Peau de chagrin,* Balzac • *Le Père Goriot,* Balzac • *Les Diaboliques,* Barbey d'Aurevilly • *Les Fleurs du Mal,* Baudelaire • *Spleen de Paris,* Baudelaire • *Vipère au poing,* Bazin • *Le Barbier de Séville,* Beaumarchais • *Le Mariage de Figaro,* Beaumarchais • *En attendant Godot,* Beckett • *L'Enfant de sable, La Nuit sacrée,* Ben Jelloun • *Tristan et Yseut,* Béroul • *La Modification,* Butor • *La Chute,* Camus • *L'Étranger* Camus • *Les Justes,* Camus • *Mémoires d'outre-tombe,* Chateaubriand • *Voyage au bout de la nuit,* Céline • *Partage de midi,* Claudel • *La Machine infernale,* Cocteau • *Belle du seigneur,* Cohen • *Le Blé en herbe,* Colette • *Le Cid,* Corneille • *Jacques le Fataliste,* Diderot • *L'Amant,* Duras • *Le Nom de la rose,* Umberto Eco • *Bouvard et Pécuchet,* Flaubert • *Madame Bovary,* Flaubert • *La Symphonie pastorale,* Gide • *Un barrage contre le Pacifique,* Duras • *Le Roman de la Momie,* Gautier • *Un roi sans divertissement,* Giono • *Amphitryon 38,* Giraudoux • *Électre,* Giraudoux • *La guerre de Troie n'aura pas lieu,* Giraudoux • *Nouvelles de Pétersbourg,* Gogol • *Les Châtiments,* Hugo • *Le Dernier Jour d'un condamné,* Hugo • *Les Travailleurs de la mer,* Hugo • *Le Roi se meurt,* Ionesco • *Les Liaisons dangereuses,* Laclos • *Désert,* Le Clézio • *Les Fausses Confidences,* Marivaux • *Le Jeu de l'amour et du hasard,* Marivaux • *L'Île des esclaves,* Marivaux • *Bel-Ami,* Maupassant • *Boule de suif,* Maupassant • *Le Horla,* Maupassant • *Pierre et Jean,* Maupassant • *Une vie,* Maupassant • *La Ronde de nuit,* Modiano • *Amphitryon,* Molière • *Le Bourgeois gentilhomme,* Molière • *Dom Juan,* Molière • *Le Misanthrope,* Molière • *Lettres persanes,* Montesquieu • *Les Caprices de Marianne,* Musset • *La Confession d'un enfant du siècle,* Musset • *Sylvie* et *Aurélia,* Nerval • *Manon Lescaut,* L'abbé Prévost • *Un amour de Swann,* Proust • *Les Fleurs bleues,* Queneau • *La Règle du jeu,* Renoir • *Les Confessions* (I-IV), Rousseau • *Terre des Hommes,* Saint-Exupéry • *Enfance,* Sarraute • *Les Mains sales,* Sartre • *Les Mots,* Sartre • *Les Mouches,* Sartre • *Éthiopiques,* Senghor • *La Chartreuse de Parme,* Stendhal • *Le Parfum,* Süskind • *Vendredi ou les limbes du Pacifique,* Tournier • *Le Silence de la mer,* Vercors • *Mémoires d'Hadrien,* Yourcenar • *Les Nouvelles orientales,* Yourcenar • *Le Roman de Tristan et Iseut* • *Au Bonheur des Dames,* Zola • *L'Assommoir,* Zola • *L'Œuvre,* Zola • *La Bête humaine,* Zola • *La Curée,* Zola • *Germinal,* Zola • *Nana,* Zola • *Le Joueur d'échecs,* Zweig.

ISBN 2-7298-0361-0

INTRODUCTION

Étudier Béroul risque de dérouter le lecteur du XXe siècle, familiarisé avec une vision romantique du mythe* de Tristan. **Tristan est pour un lecteur moderne le type même de l'amant malheureux**, absorbé par une passion à laquelle tout fait obstacle : Yseut qu'il aime est mariée à son oncle, il est le vassal* de cet oncle ; les autres vassaux, qui voudraient bien hériter à sa place du pouvoir de son oncle, sont empressés à le dénoncer ; cette passion même est involontaire et incontrôlable, et, pour mieux exprimer son impuissance à l'étouffer ou à la raisonner, on recourt à la métaphore du philtre bu par mégarde sur le navire qui les ramenait, lui et Yseut, d'Irlande en Cornouailles. Héros malchanceux d'une passion malheureuse et impossible à satisfaire dans ce monde-ci, on se plaît à croire qu'après leur mort ils seront unis, comme le symbolise cette ronce qui pousse d'une tombe à l'autre.

Joseph Bédier, en 1900, introduit sa reconstitution du mythe* par cette interpellation : « Seigneurs vous plaît-il d'entendre un beau conte d'amour et de mort ? C'est de Tristan et d'Yseut la reine. Écoutez comme à grand joie, à grand deuil ils s'aimèrent, puis en moururent un même jour, lui par elle, elle par lui. » Il fait ainsi de leur amour un amour dont on meurt, plus conforme en cela à l'esprit des versions courtoises du mythe* qu'à la tonalité générale du roman de Béroul.

Car, **dans le fragment de Béroul, rien n'invite à penser que Tristan va mourir** ; au contraire, le fragment se clôt sur la mort des félons et donc le triomphe des amants. Et si les personnages « mènent grand deuil », c'est-à-dire souffrent beaucoup et expriment leur douleur, ils ne semblent pas voués à la mort par le conteur, qui, au contraire ne cesse d'annoncer à l'avance que Dieu leur fera grâce. Aux vers 756 et 757, alors que Tristan et Yseut viennent d'être pris au piège et que leur sort semble désespéré, il annonce ceci : « Mot grant miracle Deus i out, / Quis garanti, si con li plot. » (Dieu fit pour eux un grand miracle, lui qui les garantit, comme il lui plut.) Plus tard, quand on conduit Tristan au bûcher, aux vers 909-914, il rappelle encore combien il est protégé par Dieu : « 0ez, seignors, de Damledé, / Conment il est plains de pité ; / Ne vieat pas mort de pecheor. / Receü out le cri, le plor / Que faisoient la povre gent / Por ceus qui eirent a torment. » (Écoutez, seigneurs, comme Notre Seigneur Dieu est plein de pitié ; il ne veut pas la mort du pécheur. Il a entendu les cris, les pleurs que versaient les pauvres gens pour ceux qui étaient à la torture.) Comment Dieu qui les protège, alors qu'ils sont pécheurs, qui favorise toutes leurs fuites, tous leurs combats, tous leurs mensonges, tous les meurtres qu'ils perpétuent, pourrait-il à la fin les abandonner ? Rien dans le texte de Béroul n'annonce une issue fatale pour les deux héros ; **leur amour intrépide et énergique, qui ne s'embarrasse guère de scrupule, semble devoir leur permettre de venir à bout de tous les obstacles, même si ceux-ci sont nombreux et périlleux**.

Cette version de Tristan pourrait alors exprimer la jeunesse d'un monde que la morale et la société ne sauraient tout à fait contrarier et contraindre. L'élan qui pousse Tristan et Yseut l'un vers l'autre se passe de l'aveu de la société, au moins jusqu'à leur séjour dans la forêt du Morrois ; une fois Yseut rendue à Marc, leurs ruses et leur ingéniosité leur permettent de continuer à se rencontrer au prix de quelques risques qu'ils affrontent avec sang-froid et détermination : leur amour leur impose certes de grands efforts et de grandes épreuves, mais quelle joie ne ressentent-ils quand ils ont trompé ou tué leurs adversaires ! Ainsi lu, **ce *Tristan* de Béroul peut devenir un roman de la ruse et de l'énergie au service du plaisir et de la joie de vivre librement**.

L'ŒUVRE ET SES CONTEXTES

I. AU MOYEN ÂGE : LE XIIE SIÈCLE

C'est au XIIe siècle que Béroul rédige sa version du mythe* de Tristan ; il convient, pour mieux la comprendre, de dresser un tableau des conditions politiques et sociales, des conditions économiques et des particularités de la production littéraire pendant cette période.

Il paraît également nécessaire de rappeler que le Moyen Âge couvre mille ans de notre histoire nationale, depuis l'effondrement de l'Empire romain d'Occident (476 ap. J.-C.) jusqu'à la Renaissance ; ces dix siècles sont nécessaires à la formation de l'unité nationale française et à l'unification de la langue.

1. Le contexte politique et social

Le monde féodal* a succédé au monde antique. Après la chute de l'Empire romain d'Occident, les barbares qui ont envahi l'Europe ont tenté d'instaurer un mode d'organisation politique nouveau : la féodalité*. Au XIIe siècle, ce système est arrivé à une certaine perfection et l'on peut presque dire que ce siècle est celui de son apogée.

Elle succède à de sombres périodes et en particulier aux tragédies du Xe siècle qui connut guerres, invasions, famines et épidémies, cependant que le peuple était pris entre les seigneurs* barbares et l'Église alors puissante. Dans ces temps d'insécurité générale, les faibles s'étaient cherché des protecteurs : un homme libre se mettait sous la protection d'un plus puissant, son *seigneur** ou *suzerain**, et devenait son *vassal**. En retour des services militaires qu'il rendait à son seigneur* et des conseils qu'il était tenu de lui donner, il recevait un *fief**, c'est-à-dire une terre à exploiter. C'est ce fief*, en latin *feodum*, qui a donné le nom *féodalité**. Le fief* fut d'abord concédé de façon viagère, puis devint héréditaire. Le vassal* pouvait avoir aussi autorité et protection sur des hommes moins puissants que lui, les *vavasseurs**, tandis que le seigneur* lui-même pouvait être sous la protection d'un seigneur* plus puissant ou du roi. **Cette hiérarchie pyramidale de seigneurs* et de vassaux caractérise le système féodal et se retrouve dans le récit de Béroul.**

Ce système encouragé par Charlemagne avait ses faiblesses dans la mesure où chacun des seigneurs* pouvait être tenté de diriger à sa guise sa terre : imaginé pour favoriser la divulgation des ordres et la centralisation du pouvoir, il pouvait être un moyen de désunion grave, ce qui ne manqua pas d'arriver après la mort de cet empereur. Chaque seigneur* se mit à lever ses propres impôts, à rendre sa justice, à faire la guerre pour son compte. Pour matérialiser son pouvoir, chacun érigea sa forteresse, le *château fort*. Le pouvoir royal avait ainsi perdu beaucoup de sa force et de son éclat. Il faut attendre les règnes de trois Capétiens, Louis VI (1108-1137), Louis VII (1137-1180), puis Philippe Auguste (1180-1223) pour redonner sa suprématie au pouvoir royal. Louis VI, dit le « Batailleur », guerroya contre les seigneurs* rebelles et se rendit maître chez lui ; Louis VII fut bien conseillé par Suger, l'abbé de Saint-Denis ; il fit figure de justicier aux yeux de tous ceux qui souffraient des exactions des seigneurs* ; il avait, par ailleurs, pris part à la deuxième croisade et jouissait d'une grande popularité. Il mit pourtant la royauté en péril en répudiant, vers 1150, son épouse, Aliénor d'Aquitaine ; celle-ci se remaria avec Henri Plantagenêt, un seigneur* français qui possédait la Touraine, l'Anjou et la Normandie ; il y ajouta les biens de sa femme, l'Aquitaine, c'est-à-dire le centre et le sud-ouest de la France : il possédait ainsi la moitié du pays. Or il devint aussi, en 1154, roi d'Angleterre sous le nom d'Henri II. Le pouvoir de Louis VII fut alors bien précaire. Il fallut l'autorité de son fils Philippe Auguste pour le rétablir. Ce dernier prit parti dans la lutte qui opposa Henri II à ses fils, Richard Cœur de Lion et Jean sans Terre, et s'employa ainsi à affaiblir le pouvoir de son vassal* le plus puissant. Il contraignit par ailleurs ses vassaux à remplir leurs devoirs féodaux, limita le droit de guerre privée et décida que certains procès ne pourraient être jugés que par le roi. En favorisant les plus humbles contre les plus puissants, il parvint à ses fins ; il donna à la bourgeoisie une part officielle dans le gouvernement et rabattit l'orgueil nobiliaire.

Cette restauration progressive du pouvoir central contribua à une pacification relative du pays et permit la prospérité, elle aussi relative, du XIIe siècle.

2. La prospérité économique

L'économie française est encore essentiellement agricole ; les paysans qui travaillent la terre sont libres ou bien serfs*, c'est-à-dire attachés à la terre d'un seigneur*, endettés qu'ils sont par les lourdes charges et redevances seigneuriales. L'amélioration des rendements, le progrès des techniques agricoles et le défrichage favorisent un **essor démographique** qui, à son tour, développe le commerce. Dans le domaine artisanal, les branches du textile et de la construction sont en progrès. Il s'ensuit une **relative prospérité** dont témoignent la croissance et l'enrichissement des villes, où l'on voit s'édifier les premières cathédrales gothiques et s'ouvrir les premières écoles urbaines qui vont concurrencer le monopole éducatif des monastères. Les foires sont actives et les colporteurs sillonnent les routes. **Les croisades ont développé le goût des**

richesses et du luxe et contribuent à la fois au progrès des industries artisanales et à l'expansion du commerce.

Pourtant l'économie ne se fixe pas d'autre objectif que de satisfaire les besoins strictement nécessaires des plus humbles et de pourvoir aux dépenses de prestige d'une minorité ; la classe seigneuriale, ecclésiastique et laïque, s'approprie en effet tout le surplus de la production rurale assurée par la masse paysanne : **aucun souci de croissance économique ou de rentabilité**. Cela met le monde médiéval constamment au bord de la famine. **Les existences restent donc infiniment précaires et menacées, malgré les progrès réalisés.**

3. Naissance et essor de la littérature

À la fin du XIe siècle, on écrit en latin et il n'y a guère de textes littéraires en langue vulgaire, si l'on excepte quelques textes religieux comme la *Séquence de sainte Eulalie* (880) ou la *Vie de saint Alexis* (1040). **Le XIIe siècle voit naître une littérature profane* en langue vulgaire**, qu'il s'agisse de la **chanson de geste***, comme la *Chanson de Roland* (vers 1100), de la **poésie lyrique***, illustrée par les chansons de Jaufré Rudel ou du **roman dit « courtois »**, dont l'auteur le plus fameux est Chrétien de Troyes. Ces trois genres sont versifiés. La chanson de geste* et la poésie lyrique* semblent destinées à être chantées, alors que le roman a vocation à une simple lecture orale.

Les légendes qui se colportaient oralement et que récitaient **jongleurs***, **trouvères*** et **troubadours***, sont transcrites de façon assez libre et avec de nombreuses variantes. Ces transcriptions ne nous sont parvenues que grâce à des copies faites au XIIIe siècle et nous ne disposons pour cette époque d'aucun manuscrit original. Le sens de la propriété de l'œuvre est absent et chacun se sent libre, comme dans la récitation orale, d'ajouter de son cru au récit. Les œuvres manuscrites sont recopiées à la main par des copistes, des *clercs***, c'est-à-dire des membres du clergé ; ils recopient également les textes profanes* et peuvent en le faisant commettre des erreurs involontaires, mais aussi modifier à dessein des textes qui leur paraîtraient scandaleux, voire les faire disparaître. Il en résulte que l'établissement des textes est extrêmement difficile ; c'est un travail d'archéologie minutieux. Quant à juger de l'archétype* oral qui a présidé aux transcriptions, cela est encore plus hypothétique.

Ces récits ont plusieurs sources : ils recourent à la « **matière antique** » et se font ainsi l'écho des récits grecs et latins les plus anciens, ou bien à la « **matière bretonne** », c'est-à-dire anglo-saxonne, et se rapportent alors au cycle de la Table ronde et au roi Arthur. Le roi Henri II Plantagenêt, marié à Aliénor d'Aquitaine, contribua beaucoup, par l'éclat de sa cour, à l'introduction de cette « matière bretonne ».

Le public auquel sont destinées ces œuvres est varié : certaines œuvres sont « courtoises » et s'adressent à un public aristocratique, qui, la plupart du temps, ne sait pas encore lire. Mais d'autres sont populaires et s'adressent à un public plus large.

Tel est le cadre général de l'époque qui a vu naître le roman français et plus particulièrement le *Tristan* de Béroul ; l'écho de cette situation se retrouve dans ce roman et, surtout, le mystère qui entoure cette légende scandaleuse y trouve sans doute sa source et son explication.

II. *TRISTAN* DANS TOUS SES ÉTATS

Les versions de la légende de *Tristan* qui nous sont parvenues sont multiples, mais souvent fort incomplètes, du moins pour les plus anciennes. On peut distinguer un premier fonds qui regroupe les *Tristan* français en vers du XIIe siècle, puis un deuxième dans lequel entrent les *Tristan* étrangers de la fin du XIIe et du XIIIe siècle, auxquels on peut associer le *Tristan en prose* français, lui aussi composé au XIIIe siècle, ainsi que ses reprises et continuations qui se sont multipliées jusqu'au XVIe siècle. Enfin on peut constituer un groupe de continuateurs beaucoup plus récents, au XIXe et au XXe siècle, avec le T*ristan und Isolde* de Wagner (1865), la reconstitution de Joseph Bédier (1900), l'adaptation cinématographique de Jean Cocteau, l'*Éternel retour* (1943) ou même des adaptations plus éloignées comme *La Femme d'à côté* de François Truffaut (1981).

1. Les *Tristan* français en vers (XIIe siècle)

Le plus ancien de tous ces poèmes est le *Tristan* de Béroul, que l'on a longtemps daté de 1170 environ, mais que l'on s'accorde maintenant à faire remonter jusqu'à 1150 : il est conservé grâce à un seul manuscrit, le manuscrit 2171 de la Bibliothèque nationale, une copie du XIIIe siècle, et se constitue d'un fragment qui comprend 4 585 octosyllabes à rimes plates. Bien qu'en mauvais état, ce manuscrit permet de reconstituer la partie centrale de la légende, depuis le rendez-vous épié, dans le verger, à Lantien, jusqu'à la mort du dernier des trois félons dans le palais de Tintagel. C'est un récit événementiel, dont l'analyse psychologique est à peu près complètement absente. Cela lui confère un caractère fruste et sauvage que l'on attribue à une origine populaire : **Bédier l'a qualifié de version « commune »**.

Le *Tristan* de Thomas d'Angleterre, dont on a conservé cinq manuscrits qui reproduisent huit fragments, est daté, avec plus d'assurance, de 1173. Ces fragments, un ensemble d'environ 3 000 octosyllabes à rimes plates, relatent surtout la fin de l'histoire, c'est-à-dire le mariage de Tristan avec Yseut aux Blanches Mains, son séjour dans la « salle aux images », c'est-à-dire la grotte dans laquelle il a placé les statues d'Yseut et de Brangien, puis sa mort consécutive au mensonge que son épouse profère par jalousie.

Cette version est dite « courtoise » parce que sa tonalité est toute différente de celle de Béroul : la réflexion sur la psychologie amoureuse y est prédominante et la rattache à la casuistique* amoureuse de la *fine amor*, qui place l'amant dans la relation de vassal* de sa bien-aimée, le contraint de se mettre à son service sans jamais pourtant prétendre obtenir d'elle la satisfaction de son désir. Chez Thomas, Tristan qui veut souffrir à l'égal d'Yseut, obligée de subir les assiduités de Marc alors qu'elle aime ailleurs, épouse Yseut aux Blanches Mains, par esprit de sacrifice, mais ne peut finalement se résoudre à consommer le mariage.

Le *Lai du Chèvrefeuille* de Marie de France[1], composé vers 1160-1170, est conservé dans deux manuscrits et comprend une centaine de vers qui relatent un rendez-vous habilement donné par Tristan à Yseut dans une forêt ; sa tonalité est également courtoise.

Les *Folies* de Berne et d'Oxford, désignées par les bibliothèques qui en abritent les manuscrits, racontent l'une comme l'autre, mais avec des variantes, un épisode dans lequel Tristan se déguise en fou pour pénétrer sans être reconnu dans le palais de Marc, à Tintagel ; Yseut ne le reconnaît qu'avec difficulté. La *Folie* de Berne (572 vers) semble beaucoup plus fruste que celle d'Oxford (998 vers) et l'on s'accorde à la trouver plus conforme à l'esprit de la version commune et à qualifier de courtoise celle d'Oxford.

Il faut aussi mentionner **les *Tristan* perdus** auxquels il est fait allusion au hasard de certains textes. Nous savons par exemple que **Chrétien de Troyes** avait rédigé un *Livre du roi Marc et d'Yseut la blonde*, car il le rappelle au début de *Cligès* ; or dans *Cligès* l'héroïne, Fénice, qui doit épouser Alis, empereur de Grèce et de Constantinople, s'éprend cependant du neveu de ce dernier, Cligès. Pour éviter que le mariage avec Alis ne soit consommé, elle fait confectionner par sa nourrice, quelque peu magicienne comme la mère d'Yseut, un breuvage qui donne à l'empereur l'illusion qu'il

1. *Lais* de Marie de France, Livre de Poche, « Lettres gothiques », 1990.

possède sa femme ; elle préserve ainsi sa virginité. Par la suite elle feint de mourir pour pouvoir librement aimer Cligès. Ce roman est bien à sa manière un anti-Tristan et l'on peut imaginer qu'il y avait chez Chrétien de Troyes, qui se veut le défenseur d'un amour légitime et conjugal, le souci de rétablir en écrivant *Cligès* l'impression d'immoralité qu'il pouvait avoir eu à rédiger son *Tristan*, au même titre qu'il s'était vengé de l'obligation dans laquelle il s'était trouvé d'écrire le *Chevalier de la Charrette ou le Roman de Lancelot* en rédigeant parallèlement *Yvain, le Chevalier au lion* : il opposait alors les amours adultères de Lancelot à la passion conjugale d'Yvain.

Son *Tristan* fut peut-être la première version écrite de la légende, mais on songe aussi à l'œuvre d'un certain **Bréri**, présenté par Thomas comme le garant de la bonne version de l'histoire et auquel Béroul se réfère peut-être quand il affirme qu'il a lu l'histoire qu'il nous raconte (vers 1790) ainsi qu'à celle d'un certain **La Chièvre**, mentionné dans le *Roman de Renart* comme l'un des rédacteurs de cette légende.

Tous les textes conservés sont en octosyllabes à rimes plates ; **ils nous sont tous parvenus à l'état de fragments**, ce qui semble signifier que la légende de Tristan indisposait les esprits et n'a été vraiment conservée que dans ses formes les plus courtoises et élaborées, ou bien que son ancienne forme avait été supplantée par cette nouvelle interprétation. **Le caractère scandaleux du sujet peut bien avoir choqué les mentalités** : des amants adultères renoncent à toutes les valeurs de leur société pour satisfaire une passion qui leur a été imposée par l'absorption d'une potion et sombrent peu à peu dans le mensonge et la vilenie ; loin de décupler la prouesse de Tristan, cette passion l'incite à trahir la fidélité qu'il doit à son oncle et suzerain*, à ne plus combattre que des lépreux, à se livrer à des exploits de cirque ou à des plaisanteries de mauvais goût ; quant à Yseut, sa duplicité est surtout verbale et elle révèle un art consommé du mensonge. La mauvaise conservation de ces textes peut bien trouver là une explication, que confirme ce propos de la Fénice de Chrétien de Troyes : « J'aimerais mieux qu'on me démembre plutôt que lui et moi fassions revivre l'amour d'Yseut et de Tristan dont on raconte les multiples folies qu'il m'est honteux de redire. »

2. Les *Tristan* étrangers et le *Tristan* français en prose (de la fin du XIIe au XVIe siècle)

Le *Tristan* de Béroul semble avoir inspiré **le *Tristant* allemand d'Eilhart von Oberg**, composé entre 1170 et 1190 et intégralement conservé. Ce long récit d'environ 10 000 vers mentionne une source évidemment difficile à identifier, un « livre de Tristan », dans lequel on se plaît à reconnaître celui de Béroul, dans la mesure où la trame narrative est très semblable jusqu'à l'épisode de la restitution d'Yseut. Après cet épisode, les deux récits diffèrent : pas de serment fallacieux, ni de faux départ de Tristan ; Tristan quitte le pays et accomplit nombre d'exploits à la solde d'autres suzerains* ; ces campagnes sont entrecoupées de visites clandestines qu'il rend à Yseut, bien qu'il ait, dans cette version également, épousé Yseut aux Blanches Mains. **C'est cette version qui permet de faire le plus précisément un résumé général de la légende.**

Le *Tristan* courtois de Thomas semble avoir inspiré **la version allemande de Gottfried de Strasbourg**, sans doute rédigée entre 1200 et 1210, adaptation inachevée malgré les 19 552 vers qui la constituent. Cette version est précieuse pour imaginer ce que pouvaient être les parties perdues du *Tristan* de Thomas.

Un autre récit, cette fois en prose, inspiré du *Tristan* de Thomas, **la *Saga norroise***, rédigée en 1226 par frère Robert pour le compte du roi de Norvège, a été conservé dans son intégralité. C'est un récit qui fait un résumé assez rapide et dépouillé de la légende ; il permet cependant, lui aussi, de reconstituer les fragments manquants des textes français.

Le ***Tristan en prose* français**, énorme roman rédigé dans les années 1230-1240, dont la version chevaleresque et courtoise s'imposa, fut peut-être à l'origine de la disparition des versions précédentes. Il nous reste plus de quatre-vingt manuscrits de cette œuvre. Ce récit met sur le même plan les amours de Tristan et celles de Lancelot et de Guenièvre, il les police et les intègre à la fois au roman courtois et au cycle arthurien. C'est la plus abondante et la plus courtoise de toutes les versions du mythe*.

Les continuateurs résument ce *Tristan en prose* et l'adaptent à leur contrée et à leur époque, qu'il s'agisse du ***Sir Tristrem* anglais** rédigé au début du XIVe siècle ou du *Tristan* de **Pierre Sala** rédigé au XVIe siècle.

3. Les *Tristan* modernes au XIXe et au XXe siècle

Le mythe* de Tristan séduit de nouveau à l'époque romantique ; celle-ci redécouvre en effet le Moyen Âge, à moins qu'elle n'en compose un à sa convenance. L'interprétation qu'en donne **l'opéra de Richard Wagner** en 1865, dans *Tristan und Isolde*, efface en grande partie la ruse et le calcul des héros pour n'en plus peindre que l'amour, fatal et passionné, si fort que le roi Marc lui-même finit, quand il les voit morts, par en être attendri et pardonner.

C'est cette vision romantique de personnages impuissants à échapper à la fatalité, pour lesquels l'amour et la mort sont indissolublement liés, que reprendra Joseph Bédier, en 1900, dans son nouvel agencement et sa réécriture des épisodes que relatent les différents manuscrits médiévaux ; pour lui le mythe* devient aussi plus chrétien et pudique. Enfin Denis de Rougemont, dans son ouvrage *L'Amour et l'Occident*, paru en 1939, analysera et systématisera cette vision.

Le film de Jean Cocteau, *L'Éternel Retour*, confirmera cette version romantique du héros aux prises avec une passion fatale. Ce thème se retrouve explicitement aussi dans *La Femme d'à côté* de Truffaut.

On voit ainsi que bien des versions du mythe* se sont succédé et se sont parfois fait obstacle l'une à l'autre : **au héros débrouillard et truculent de Béroul succède le parfait amant de Thomas et du *Tristan en prose***, soucieux de noble prouesse et de courtoisie* ; **à cet amant précieux succède à son tour le héros romantique et fatal**, que la passion dévore et arrache à la vie.

4. Les principaux épisodes de la légende

L'ensemble de ces textes permet de recenser **les principaux épisodes narratifs** de la légende, autrement dit de l'histoire de Tristan et dYseut.

Tristan est le fils d'un vassal* du roi Marc, Rivalen, et de la sœur de ce même roi, Blanchefleur. Il est le plus souvent orphelin et confié à son oncle qui l'élève, mais dans la version d'Eilhart, son père vit encore. Si Tristan est donc bien le neveu du roi Marc, il est aussi dans une situation de vassalité par rapport à lui. Il trouve l'occasion de montrer sa vaillance et d'assurer sa position auprès de son oncle en affrontant le Morholt, un géant irlandais, venu réclamer à la Cornouailles un tribut annuel de jeunes gens et de jeunes filles et qu'aucun des autres vassaux de Marc n'osait affronter en duel. Tristan le tue, mais n'en est pas moins blessé par lui, par un épieu empoisonné. Désespérant de guérir, il demande qu'on le dépose dans une barque sans rames et qu'on le laisse partir et mourir au gré des flots ; il parvient en Irlande, il est soigné par Yseut sans qu'elle le voie, ni ne le reconnaisse. De retour en Cornouailles, Tristan doit affronter la jalousie des vassaux de Marc, qui voient avec déplaisir que l'amitié qui unit l'oncle et le neveu l'incitera à en faire son successeur. Marc, célibataire résolu, refuse de se marier comme ils le lui demandent, puis, sur les instances de son neveu, il cède ; mais il décide d'épouser la jeune fille inconnue dont un oiseau a déposé un cheveu dans le château de Tintagel. Tristan se met en quête et les vents le poussent de nouveau vers l'Irlande ; après avoir accosté, il combat le serpent crêté, qui ravage le pays et que les vassaux du roi d'Irlande n'osent pas affronter. Pour témoigner de sa victoire il met dans ses chausses la langue du serpent. Mais comme elle est venimeuse, il tombe inanimé sur le lieu du combat ; le sénéchal* du roi d'Irlande décide de s'approprier cette victoire, mais sa couardise est si connue qu'Yseut refuse d'y croire, parcourt le lieu du combat et trouve Tristan qu'elle soigne avant de faire triompher son bon droit. En le soignant, elle découvre, en voyant la brèche de son épée et en la comparant à l'éclat qu'elle a retiré d'une des plaies de son oncle, qu'il est le meurtrier du Morholt, mais elle renonce à le tuer pour se venger, convaincue par la défense habile qu'il présente. En récompense de sa victoire sur le serpent, il obtient la main d'Yseut, qu'il a identifiée comme la propriétaire du cheveu que lui a confié Marc ; il décide de la donner à Marc et de la conduire auprès de lui. Mais, au cours de la traversée, par mégarde, Brangien, sa dame de compagnie, leur fait boire une potion que la mère d'Yseut a préparée et qui était destinée à sceller l'union de Marc et de sa fille par un amour indéfectible. Yseut et Tristan s'unissent donc. Arrivée en Cornouailles, Yseut, pour dissimuler sa virginité perdue, demande à Brangien de la remplacer dans le lit de Marc. Par la suite, elle décide de la faire tuer par deux forestiers pour éviter qu'elle ne révèle son secret ; celle-ci convainc ses meurtriers de n'en rien faire, revient au palais et se réconcilie avec Yseut. Viennent alors les rebondissements des amours clandestines et adultères de Tristan et d'Yseut et les dénonciations successives des trois félons : l'épisode du pin, celui de la fleur de farine, la condamnation au bûcher, le saut de la chapelle, le combat contre les lépreux, la fuite dans la forêt du Morrois, le repentir, la restitution, le serment de la Blanche Lande, la mort de Denoalan et Godoïne, tels que vous les lisez dans le *Tristan* de Béroul. Après la mort des trois félons, comme nous le lisons dans les autres versions, Tristan s'exile et combat à la solde d'autres suzerains*, parfois auprès du roi Arthur lui-même. Il se lie d'amitié, en petite Bretagne, c'est-à-dire la Bretagne française, avec Kaherdin et se bat au service du père de celui-ci, Hoël de Carhaix ; puis il décide d'épouser la sœur de Kaherdin, qui se nomme également Yseut, Yseut aux Blanches Mains, mais, une fois marié, il ne peut se résoudre à consommer le mariage ; cet épisode est longuement développé par Thomas. Lors d'une visite clandestine à Yseut la Blonde, Kaherdin auquel il a confié son secret et qui s'en est ému, l'accompagne et s'éprend de Brangien. À l'occasion d'une autre visite, Tristan simule la folie pour s'introduire dans le château de Marc sans être reconnu ; c'est cet épisode que racontent les manuscrits de Berne et d'Oxford. Enfin, blessé de nouveau par une arme empoisonnée et incapable de guérir, il demande à Kaherdin d'aller chercher Yseut la Blonde : s'il la convainc de venir, il hissera la voile blanche ; mais il hissera la voile noire s'il n'y parvient pas. Yseut aux Blanches Mains a surpris leur conciliabule et est fort jalouse : au retour du navire, elle annonce à Tristan, qui ne peut plus se déplacer, que la voile est noire. Il meurt aussitôt, avant même qu'Yseut ait pu le rejoindre ; celle-ci meurt à son tour en le voyant. Certaines versions disent que Marc les fit enterrer séparément, chacun d'un côté d'une chapelle, mais qu'une ronce sortit du tombeau de Tristan et s'enfonça dans la tombe d'Yseut en passant au-dessus de la chapelle ; on eut beau la couper, elle repoussa toujours.

Telle est l'histoire des deux amants, reconstituée à partir des différentes versions conservées.

L'ŒUVRE EN EXAMEN

I. LE *TRISTAN* DE BÉROUL

On examinera successivement l'état dans lequel le texte de Béroul nous est parvenu, la composition de ce texte, les sources qui ont pu l'inspirer et, enfin, les particularités de la langue dans laquelle il est écrit.

1. Le manuscrit

Le manuscrit *BN fr. 2171*, de la seconde moitié du XIIIe siècle, est l'unique document qui conserve le texte de Béroul. Celui-ci se désigne explicitement comme le conteur aux vers 1268 et 1790, mais nous ne savons absolument rien de lui, sinon que la langue dont il use comprend des traits dialectaux qui le désignent comme originaire de l'est de la Normandie ; toutefois, la présence d'anglicismes, si l'on peut dire, laisse penser qu'il s'adresse peut-être à un public anglo-saxon. Il faut donc imaginer Béroul comme un jongleur* normand, itinérant, qui récite ses contes en France et en Angleterre, ou du moins dans des cours françaises ou anglo-saxonnes, et qui rédige ceux-ci pour se constituer un fonds d'histoires.

La copie du manuscrit est peu soignée et souvent peu lisible ; seule est conservée la partie centrale du récit, qui débute au milieu d'une phrase et s'interrompt de même ; le récit est rédigé en octosyllabes à rimes plates. Les rimes sont souvent imparfaites ; les graphies du XIIe siècle, provenant sans doute du manuscrit de cette époque, voisinent avec des graphies en usage au XIIIe, attestant ainsi le peu de cas que l'on faisait de l'exactitude de la transcription. Ce manuscrit comprend 32 feuillets de vélin ; chaque page comprend deux colonnes d'environ 35 à 36 vers. De grandes initiales rouges semblent annoncer une partition en chapitres de longueurs très inégales.

2. La composition

La composition du récit est fortement marquée par sa destination orale : elle développe des épisodes ou scènes, qui sont juxtaposés ou reliés entre eux de façon très lâche.

Ainsi pour relier l'épisode du pin à celui de la fleur de farine, le conteur recourt-il à un lieu commun sur la difficulté qu'il y a à dissimuler une liaison : « Ha ! Dex, qui puet amor tenir / Un an ou deus sanz descovrir ? / Car amors ne se puet celer... » (Ah ! Dieu, qui peut conserver de l'amour un an ou deux sans le trahir ? Car l'amour ne peut se cacher..., v. 573-575) Pour passer de l'épisode de Husdent au meurtre de l'un des trois félons par Governal, le conteur recourt à un lamento*, qu'il utilise à trois reprises, sur l'errance misérable en forêt : « Seigneurs, Tristan resta longtemps dans les bois, il y eut longtemps peines et labeurs ; en aucun lieu il n'ose demeurer ; où il se lève le matin, il ne couche pas le soir » (1637-1640). On trouvait déjà, pour introduire l'épisode d'Husdent qui suit celui de la première rencontre avec Ogrin, cette même déploration aux vers 1423-1436 : « Au petit matin, Tristan s'en va. Il reste dans les bois, évite les terrains découverts, le pain leur manque, c'en est grand deuil. [...] Ils ne passent qu'une nuit en un lieu » ; on la retrouve encore aux vers 2127-2128 pour introduire les scènes de repentir : « Ils traversent le Morrois, ils s'en vont ainsi, ils font de grandes étapes, parce qu'ils ont peur. » Quelquefois les transitions se limitent à des tours aussi rudimentaires que ceux-ci :

« Ils ont tant marché qu'ils sont arrivés à... », « ils ne se sont pas attardés... » (v. 2290, 2843, 3148, 3288...), ou bien : « Écoutez ce qu'il advint de... » (v. 3010, 3027, 3520, 4351...) **Peu de souci donc en ce qui concerne la construction narrative et l'enchaînement des épisodes** et des scènes, ce qui est tout à fait conforme à la tradition du récit oral ; il nécessite en effet des **tours répétitifs et attendus**, susceptibles de scander nettement les étapes de la narration, de façon à informer de façon claire un auditoire parfois inattentif ou mouvant.

Tel qu'il se présente, **le récit de Béroul comprend six grandes séquences narratives** : le pin, la fleur de farine, le séjour dans le Morrois, la restitution, le serment, la mort des traîtres. Ces six séquences s'articulent autour du repentir, qui survient le jour de la Saint-Jean et marque le point culminant de l'été et le début de son déclin, puisque les jours commencent ensuite à raccourcir. C'est pour Tristan et Yseut la fin de la belle saison de leurs amours, puisqu'ils se décident à quitter la vie sauvage qu'ils mènent dans le Morrois et à réintégrer la vie sociale qui les sépare. **Les trois premières séquences célèbrent ainsi l'élan naturel de leur passion**, qui les pousse à renoncer à la société, tandis que **les trois suivantes présentent les compromissions inévitables qu'impose la société aux élans naturels**. Béroul annonce presque les positions de Jean-Jacques Rousseau dans les *Confessions* : livré à ses impulsions naturelles, Jean-Jacques ne serait pas devenu menteur.

Chacune de ces séquences comprend plusieurs scènes, que l'on peut raconter isolément : ainsi l'on peut raconter un jour la scène initiale du verger, puis, le jour suivant, le retour des différents personnages dans la chambre ; on peut aussi raconter séparément l'épisode d'Husdent, ou l'une des visites à Ogrin. Il paraît donc nécessaire que le texte soit ainsi divisé, fragmenté, de façon nette. Là où le récit moderne use du temps et de l'espace pour structurer la narration, le conteur médiéval se contente de formules toute faites et de procédés très artificiels. **Cette discontinuité du récit le rend particulièrement adapté à ce type de récitation.**

Pourtant, à l'intérieur d'un épisode, l'organisation du récit est précise ; le passage d'un lieu à un autre est soit linéaire, comme dans l'épisode du serment, soit alterné, comme dans l'épisode de la lettre envoyée à Marc. Le temps global que couvre le récit de Béroul est assez incertain, voire incohérent ; les amants passent trois ans entiers dans le Morrois et c'est aussi la durée fixée pour les effets persistants du philtre : les débuts en ménage d'Yseut et les premières dénonciations des félons disparaissent ainsi. Mais à l'intérieur d'une scène ou d'un épisode, la temporalité est nette : il en est ainsi des deux jours passés au Mal Pas et sur la Blanche Lande, séparés par une nuit d'hébergement en pleine nature, qui constitue comme un écho au long séjour dans la forêt.

On peut en conclure que l'unité de temps dans le *Tristan* de Béroul est celle de la récitation : au cœur d'une unité de ce type l'organisation temporelle et spatiale est rigoureuse ; pour l'ensemble du récit, en revanche, le temps et les lieux sont mythiques.

3. Les sources

Béroul affirme aux vers 1265-1268 : « Li conteor dïent qu'Yvain / Firent nïer, qui sont vilain ; / N'en sevent mie bien l'estoire, / Berox l'a mex en sen memoire. » (Les conteurs disent qu'ils noyèrent Yvain, mais ces conteurs sont des rustres ; ils ne savent pas bien l'histoire, Béroul l'a mieux en mémoire.) Aux vers 1789-1790, il ajoute : « ... si conme l'estoire dit, / La ou Berox le vit escrit » (... comme l'histoire le dit bien, là où Béroul la vit écrite.) Il semble donc bien, si toutefois ces affirmations ne sont pas des artifices, que **Béroul consulte une source écrite** et non pas seulement orale ; il semble aussi que, **dès cette époque, les versions de cette même légende divergent** ; celle qui fait de Tristan le meurtrier gratuit d'Yvain laisse penser, ou bien que les mœurs sont d'une extrême violence et que la fraternité chrétienne n'est pas encore dans les habitudes, ou bien que **Tristan est peut-être, à l'origine, dans la version populaire, un scélérat sans foi ni loi**. Mais Béroul s'efforce de rendre Tristan aussi estimable que possible et il n'y a pas d'honneur à abattre un ennemi à terre, surtout quand il s'agit d'un homme affaibli par la maladie.

Quant aux sources de la légende elle-même, elles sont à la fois antiques et celtiques. Le Morholt, qui vient annuellement réclamer un tribut de jeunes gens et de jeunes filles, n'est pas sans analogie avec le Minotaure, pour lequel les Crètois viennent demander aux Athéniens un tribut annuel de même nature ; Tristan l'affronte sur une île et renouvelle ainsi l'exploit de Thésée, qui s'introduit dans le labyrinthe, autre lieu clos, pour exterminer le monstre. L'épisode de la voile blanche qui annoncera la venue d'Yseut, épisode rapporté par Thomas d'Angleterre, et de la voile noire qui annoncerait son absence rappelle aussi les conventions de Thésée et d'Égée, son père ; le jeune Thésée qui s'est proposé pour tuer le Minotaure promet qu'il annoncera son retour et son succès en hissant une voile blanche ; mais tout heureux de sa victoire, il oublie de changer la voile noire qui avait été hissée au départ ; son père, induit en erreur, se jette par désespoir dans la mer qui, depuis, porte son nom. Les énigmatiques oreilles de cheval du roi Marc pourraient bien être apparentées aux oreilles d'âne du roi Midas, bien qu'elles soient aussi liées à l'étymologie celtique du nom de Marc, qui signifie cheval.

Mais la matière bretonne surtout est présente : c'est la Cornouailles anglaise que gouverne Marc, c'est d'Irlande que viennent le Morholt et Yseut, c'est vers le pays de Galles que les amants fuient. C'est enfin au roi Arthur qu'Yseut demande de cautionner son serment, liant ainsi son histoire à celle des héros de la Table ronde et à celle du plus fameux roi des légendes celtes. On a pu trouver des parentés entre cette légende et la saga irlandaise de Grainne et de Diarmaid ; on a même parlé d'une source persane avec le récit de *Wis et Ramin*. Ces parentés ne prouvent toutefois rien d'autre que la permanence des thèmes et des schémas dans les récits légendaires.

4. La langue

Le récit est fait dans la langue vernaculaire*, le « roman », qui est issu du latin, comme l'indique la racine étymologique *romanus* ; des éléments celtes se sont mêlés aux origines latines pour former cette langue qui est essentiellement parlée au Nord de la France.

L'orthographe de cette langue n'est pas encore fixée et varie d'une région à l'autre. De nombreux traits dialectaux invitent à penser que Béroul est normand, mais des anglicismes, comme *lovendrin* (le boire d'amour) ou *l'esterline* (sterling), la dénomination du traître Godoïne (*Godwin*), la géographie du roman, entièrement cornouaillaise, font penser que ce récit a pu être rédigé pour un public anglo-saxon. Quoi qu'il en soit, on peut aussi imaginer que le public des cours d'Henri II et d'Aliénor d'Aquitaine, comme celle des rois de France comprenaient un certain nombre d'Anglo-Saxons et qu'on y parlait le normand.

Cette langue vernaculaire* conserve des déclinaisons, réduites à deux cas, le cas sujet et les cas régime ; les noms, les adjectifs et les pronoms se déclinent ; cela permet une grande souplesse dans l'ordre des mots et une grande expressivité liée à la place de ce dernier dans le vers. Bien souvent, pour les nécessités de la rime, la déclinaison n'est par respectée, ce qui est caractéristique du normand continental et insulaire.

La conjugaison a un fonctionnement assez semblable à la nôtre, à ceci près que l'emploi du pronom personnel de conjugaison n'est pas systématique, il est le signe d'une insistance redondante. Les temps présent et passé sont curieusement mêlés, sans souci de concordance ; l'imparfait est peu employé et l'on trouve souvent à sa place un passé simple. Dans une même phrase, on peut ainsi passer du présent au parfait, du tutoiement au vouvoiement, hésiter à distinguer le sujet du complément, parce que la déclinaison n'a pas été respectée, s'empêtrer dans les pronoms quand des *il* successifs désignent des personnes différentes. La langue reste donc parfois encore assez obscure ; l'intonation du conteur et ses mimiques devaient contribuer à en éclairer le sens.

La langue conserve aussi des caractéristiques orales, multiplication de formules qui, à l'écrit paraissent explétives, mais devaient prendre tout leur effet à l'oral : multiplication des adverbes d'intensité comme *mot, bien, si, assez, trop,* des adverbes de temps comme *ja, or, adoncques,* des tours assertifs* comme *par ma foi, sans doutance, certes,* des interpellations à l'auditoire comme *oiez du..., or oiez...* **Ces tours, outre qu'il facilitent la versification, ont une fonction indéniable dans la communication orale** que le conteur doit établir.

En outre, Béroul pratique déjà la brisure du couple de deux vers qui riment, donnant ainsi plus d'ampleur à ses phrases et rompant ainsi la monotonie du rythme. Son récit y gagne de l'animation, ce qui est appréciable ; car la subordination rare et la juxtaposition ou simple adjonction des propositions peut donner une impression d'absence de relief.

5. Conclusion : un récit archaïque*

Au terme de cet examen, **le *Tristan* de Béroul semble être la plus ancienne des versions conservées**, la plus archaïque* et la plus fruste également, mais peut-être aussi la plus proche des versions orales qui l'ont précédée. **Sa destination est manifestement orale**, et l'on observe déjà un certain souci de rendre estimables les ruses et les mensonges des deux amants. **Le lexique concret qui y prédomine exclut à peu près complètement l'analyse psychologique** et réduit le récit à une succession de faits et à des dialogues rapportés au style direct.

Organisation du récit de Béroul

Première séquence narrative : le premier piège ou le rendez-vous épié
Le dialogue à double sens. (1-254)
Le repentir de Marc. (258-319)
Le dépit du nain Frocin. (320-338)
Le retour d'Yseut dans la chambre du roi. (339-384)
Le retour du roi dans sa chambre. (385-505)
Le roi charge Brangien d'aller chercher Tristan. (506-550)
Le roi et Tristan se réconcilient. (551-572)
Transition : l'amour ne sait pas dissimuler. (573-580)
Deuxième séquence narrative : le deuxième piège ou « la fleur de farine »
Les félons dénoncent de nouveau les amants. (581-642)
Le nain expose son projet. (643-674)
Les préparatifs du piège. (675-724)
Le piège se referme. (725-826)
Émotion générale dans la ville de Lantien. (827-898)
Tristan se sauve ou « le saut de la chapelle ». (899-964)
Tristan retrouve Governal. (965-1044)
Yseut se réjouit de la fuite de Tristan. (1045-1064)
Dinas intervient en faveur de la reine. (1065-1140)
Le roi donne Yseut aux lépreux. (1141-1234)
Tristan délivre Yseut. (1235-1278)

Troisième séquence narrative : le séjour dans la forêt du Morrois
Installation dans la forêt du Morrois. (1279-1306)
La mort du nain Frocin. (1307-1350)
Première rencontre avec l'ermite Ogrin. (1351-1422)
Errance misérable en forêt. (1423-1436)
La fidélité de Husdent. (1437-1636)
Errance misérable en forêt. (bis) (1637-1655)
Governal tue l'un des trois félons. (1656-1750)
L'arc infaillible. (1751-1773)
Tristan et Yseut surpris dans leur retraite ou « la clémence de Marc ». (1774-2062)
Errance misérable en forêt. (ter) (2063-2132)
Transition : le philtre cesse d'agir. (2133-2146)

Quatrième séquence narrative : repentir et restitution
Les remords de Tristan. (2147-2199)
Les remords d'Yseut. (2200-2220)
Tristan et Yseut se concertent. (2221-2288)
Deuxième visite chez Ogrin : la rédaction de la lettre. (2289-2434)
Tristan porte la lettre à Lantien. (2435-2508)
Le roi fait lire la lettre à ses barons. (2509-2620)
Les barons donnent leur conseil. (2621-2650)
Tristan reçoit la réponse du roi. (2651-2680)
Premiers adieux de Tristan et d'Yseut : échange de gages d'amour. (2681-2732)
Préparatifs de la rencontre. (2733-2764)
Nouveaux adieux de Tristan et d'Yseut. (2765-2842)
La restitution. (2843-2926)
Le départ de Tristan. (2927-2952)
Retour d'Yseut dans la ville. (2953-3009)
Tristan se cache chez Orri. (3010-3027)

Cinquième séquence narrative : le serment de la Blanche Lande
Nouvelle dénonciation des félons. (3028-3147)
Le roi confie son tourment à Yseut qui propose de se justifier. (3148-3287)
Yseut donne des ordres à Périnis. (3288-3314)
Périnis délivre le message d'Yseut à Tristan. (3315-3368)
Périnis délivre le message d'Yseut au roi Arthur. (3369-3519)
La récompense de Périnis. (3520-3565)
Tristan déguisé au Mal Pas. (3566-3576)
Les conseils de Governal. (3577-3616)
Tristan mendie. (3617-3787)
Tristan se joue des félons. (3788-3851)
La reine passe le gué. (3852-3984)
Le tournoi de la Blanche Lande. (3985-4074)
Hébergement nocturne. (4075-4118)
Le jugement. (4119-4266)
Transition : la paix est instaurée. (4267-4270)
Sixième séquence narrative : la mort des félons
Un espion dénonce les amants auprès des trois félons. (4271-4350)
Tristan tue Denoalan. (4351-4394)
Tristan tue Godoïne. (4395-4485)

II. EST-CE UN ROMAN ?

Les thèmes abordés par ce récit sont des thèmes romanesques, qu'il s'agisse de thèmes politiques, sociaux, moraux ou sentimentaux : nous verrons ainsi que ce roman est tout à la fois le roman d'une succession, un roman de la violence et de la peur, un roman de la ruse et de la passion ; la forme du récit et ses particularités peuvent toutefois remettre en cause l'appellation « roman », au moins dans son acception* moderne.

1. Le roman d'une succession

▪ Le *Tristan* de Béroul se présente bel et bien comme **le roman d'une succession dans le cadre de la féodalité***.

Marc est le seigneur* et le roi de la Cornouailles. Il possède plusieurs résidences, Lantien et Tintagel, châteaux encore bien archaïques*, entourés de palissades de bois, et qui abritent, semble-t-il, la cour dans une seule chambre commune ; la promiscuité y favorise aussi bien l'adultère que la délation. La sécurité de cet abri est précaire puisque quand Tristan, banni, décide d'y porter une lettre à l'insu de tous, il y parvient, semble-t-il, sans difficulté.

Les vassaux de Marc convoitent l'héritage de son pouvoir. Parmi ses vassaux, son neveu, Tristan, a su gagner son amitié et sa reconnaissance : il a combattu le Morholt et délivré la Cornouailles d'un tribut honteux et affligeant, il a aussi conquis la main d'Yseut par sa prouesse, en combattant le serpent crêté. Il a ainsi fait de l'ennemi héréditaire irlandais un allié : le mariage d'Yseut scelle cette alliance. Tristan mesure bien le prix du secours et du service qu'il a ainsi rendu au roi et il ne se fait pas faute de le lui rappeler, aussi bien dans la scène du rendez-vous épié (v. 135-142) que dans la lettre qu'il envoie au roi par l'intermédiaire d'Ogrin (v. 2556-2561). C'est un vassal* puissant. Dès lors la menace que Tristan fait peser sur son oncle, en envisageant d'aller offrir ses services au roi de Frise ou de Gavoie, devient une réelle menace : **sans la force exceptionnelle de Tristan, la terre de Cornouailles reste démunie**.

Les autres vassaux, les trois barons félons, menacent également de cesser d'être fidèles à leur suzerain* et de lui faire la guerre s'il ne chasse pas son neveu (v. 585-588). Voilà donc Marc aux prises avec **une crise pour ainsi dire dynastique** : ou bien il conserve Tristan à son service et s'aliène le soutien des autres barons, ou bien il garde les autres barons et renvoie Tristan. Les rois de France, Louis VI et Louis VII, ont aussi connu ce tourment : limiter les ambitions et le pouvoir de leurs vassaux les plus puissants, sans pourtant se priver de leur secours indispensable. Ainsi le roman de Tristan reflète bien cette **crise du système féodal**, conçu pour unifier et affermir le pouvoir royal et pourtant propre à l'affaiblir ; **la suzeraineté est constamment menacée par l'indiscipline et la convoitise des vassaux.**

On peut un instant croire que l'autorité du roi Arthur va, d'un même élan, rétablir la réputation d'Yseut et l'autorité de Marc sur ses États ; les vers 4267 et 4268 semblent l'affirmer : « Li rois a Cornoualle en pes, / Tuit le criement et luin et pres. » (Le roi maintient la Cornouailles en paix, tous le craignent, de loin et de près.) Mais les barons n'ont toujours pas désarmé et complotent de nouveau avec un espion, qui apparaît comme une résurgence du nain Frocin.

L'effort des barons fait d'eux des félons, non pas parce qu'ils dénoncent les amours adultères de Tristan avec Yseut — en cela ils ne font que dire la vérité — mais parce qu'ils ébranlent à leur profit le pouvoir royal pour rétablir la division et la désunion féodale : sur le plan politique, ce sont bien des félons.

▪ **Le rôle du peuple est important** dans la crise que soulève par avance la succession du roi Marc ; ses interventions soulignent bien le rapport difficile entre une aristocratie, qui a joui jusqu'au XIIe siècle de toutes les prérogatives, et que l'enrichissement des villes et l'essor démographique mettent aux prises avec un menu peuple plus influent et plus exigeant ; les habitants de Lantien courent au palais pour défendre Tristan et Yseut quand on les capture : c'est lui qui les a délivrés du Morholt (v. 827-898), ils réclament un règlement judiciaire dont ils savent bien qu'il serait favorable à Tristan ; ils n'hésitent pas à manifester leur chagrin quand Marc reprend Yseut, mais éloigne Tristan ; **cette popularité de Tristan pèse sur la réflexion de Marc**, car en éloignant son neveu, il risque aussi de s'aliéner la fidélité du petit peuple, qui par ailleurs déteste les félons. Ce « parti populaire », si l'on peut dire, est défendu par Dinas de Lidan qui défend à la fois Tristan et la préservation de l'ordre et de la paix (v. 1088-1120) ; il est aussi représenté par le forestier Orri qui accueille les amants, puis Tristan quand il est banni.

▪ Dans ce roman, **la succession au pouvoir pose également la question de la place des femmes dans la société féodale**. L'un des mystères de cette légende tient au célibat résolu de Marc, qui refuse, comme le lui conseillent ses barons de se marier ; c'est Tristan qui, en relevant le défi de trouver une jeune fille dont on ne possède qu'un cheveu, déposé par un oiseau, dans une contrée maritime, lui impose un mariage qui reste stérile. Pas d'héritier direct pour résoudre la crise. Qui plus est Tristan trompe le roi avec Yseut, redoublant ses chances d'hériter ou de concevoir un héritier ; l'on comprend que les félons voient cela d'un mauvais œil : **l'héritage par filiation** n'offre au fond pas plus de garanties que le **népotisme***, c'est le second aspect de cette réflexion sur les voies de la succession.

La conduite d'Yseut n'est par ailleurs pas bien différente de celle d'Aliénor d'Aquitaine, qui trompait allègrement le roi Louis VII, avec un de ses oncles qui plus est, et qui, une fois mariée à Henri II, contribua à soulever ses fils contre lui, au point qu'il la fit enfermer quelque temps. On trouve un écho du dépit conjugal et royal que durent éprouver Louis VII et Henri II dans les colères de Marc.

On peut aussi songer à la **conduite quasi œdipienne de Tristan** qui convoite à la fois la femme de son oncle et le pouvoir de celui qui lui tient lieu de père ; la succession ne peut aller sans l'éviction et la mort du père, pour y échapper Marc ne peut que chasser Tristan. Or le premier récit en langue romane fut le *Roman de Thèbes*[1], qui est précisément un roman de la succession ; le roman de Béroul reprend ce thème dans un contexte modernisé et actualisé.

---

1. *Le Roman de Thèbes*, Livre de Poche, « Lettres gothiques », 1995.

On voit ainsi que le *Roman de Tristan*, avant d'être un « roman d'amour et de mort » comme le disait Joseph Bédier, peut être aussi un **roman politique**.

2. Un roman de la peur et de la violence

Semblables rivalités politiques appellent à la violence et engendrent la peur.

■ On peut s'étonner de la violence des principaux personnages de Béroul, qui tous rêvent d'exterminer leurs ennemis de la plus cruelle manière. Il n'y est question que de brûler ses ennemis ou d'être brûlé soi-même pour témoigner de la vérité de ses dires, et c'est au bûcher que Marc condamne les amants, sans autre forme de procès, bûcher dont on nous décrit avec soin l'édification et les crépitements. Quand on ne brûle pas, on démembre et on dépèce sans vergogne ; Governal coupe la tête de l'un des trois félons qu'il a surpris dans la forêt et l'accroche à la fourche de la hutte des amants, comme si la tête sanglante de leur ennemi devait être un sujet de réjouissance à leur réveil ; on ne sait s'il s'agit d'une plaisanterie de mauvais goût, de cruauté innocente, d'un trait de barbarie persistant ; toutefois, cela provoque la peur des amants, avant de les réjouir, et leur réputation de courtoisie* en souffre un peu. Peut-être faut-il plutôt y voir **l'expression d'un désir de vengeance plus populaire**. Autre délicatesse : quand Tristan tue Denoalan, pour prouver qu'il l'a vraiment tué, il juge utile de rapporter ses tresses dans ses chausses, et on le voit entrer dans la chambre de sa belle en brandissant ce « scalp ». Yseut, elle-même, guide avec un grand sang-froid le tir de Tristan dans la dernière scène du roman et lui permet de transpercer le crâne de Godoïne, qui n'obtient pas d'autre oraison funèbre que celle-ci : « Si c'eût été une pomme blette, la flèche n'en serait pas sortie plus vite ». La cruauté de Marc est plus raffinée, mais non moins grande ; il décapite lui-même le nain sans autre forme de procès ; on le voit avec inquiétude s'enquérir d'un supplice pire que le bûcher et livrer son épouse à la convoitise des lépreux.

Cette sauvagerie étonne et place le *Tristan* de Béroul à part des autres versions du mythe* qui s'efforcent de civiliser et de policer les héros. Béroul lui-même laisse entendre qu'il a adouci sa version des faits par rapport à celle d'autres conteurs, puisqu'il dit aux vers 1265-1269 : « Les conteurs disent qu'ils noyèrent Yvain, mais ces conteurs sont des rustres (*vilain*) [...] Tristan était trop preux ou trop courtois pour tuer de telles gens. » Si donc Béroul est une version populaire et vulgaire du mythe*, on peut imaginer d'après cette mention que d'autres versions encore plus frustes ont pu exister.

Cette violence, abondante, est revendiquée comme légitime par chacun de ses usagers : légitime défense des amants pourchassés, légitime châtiment infligé par un roi offensé. Pourtant, **la gratuité des détails reste inexpliquée** et semble relever de la jouissance qu'en éprouve le conteur ; s'il en faut encore une preuve, il suffit de voir l'insistance avec laquelle ce dernier décrit les flots de sang qui coulent de la blessure de Tristan dans l'épisode de la fleur de farine. C'est pour le conteur une **violence jubilatoire* et peut-être cathartique***.

- Pour les personnages, cette violence est aussi jubilatoire*, mais elle crée surtout un climat de peur. La hiérarchie féodale fait que tout homme en domine un autre, mais qu'il est aussi dominé. **On vit par conséquent dans la crainte** de la colère des autorités, dans la crainte des délateurs, voire dans la crainte de la magie.

Le nain est associé à la sorcellerie et à la magie : il voit dans la lune que les amants se sont réunis ; on ne saurait donc être à l'abri nulle part. Il a de surcroît jeté un sort à Marc, qui depuis a des oreilles de cheval (v. 1345). Le philtre est dû aux pouvoirs magiques de la mère d'Yseut ; il jette un sort aux deux amants qu'il condamne à s'aimer malgré eux. **L'irrationnel est présent chez Béroul** et il n'est en général pas favorable aux êtres, il inspire la crainte et apparente ce récit aux contes merveilleux et fantastiques.

Le nain est lié aux délateurs qui épient les amants d'un bout à l'autre du récit ; après la mort de Frocin, ils n'en poursuivent pas moins leur filature, aidés par un espion. Le climat de peur qu'engendre cette **filature permanente** est du même ordre que celui qu'on trouve dans les romans d'espionnage. Si les amants craignent les félons, les félons craignent aussi la vaillance de Tristan, sa bonne connaissance des lieux ; ils sont sans illusion sur le sort qui les attend au cas où ils rencontreraient leur victime seul à seul.

Enfin **la crainte est tout simplement celle des autorités qui se multiplient dans le récit**, comme elles se multipliaient dans la société féodale ; autorité du roi qui paralyse toutes les actions et que le conteur résume ainsi : « Le roi se montre impitoyable et cruel ; il n'y eut baron, aussi puissant que courageux, qui osât interpeller le roi pour qu'il pardonnât à Tristan » (v. 862-865) ; ou encore ainsi : « Tristan sait bien que le roi le fait chercher et que les bans ont été proclamés sur sa terre pour que le prenne qui le trouverait. » (v. 1641-1643) L'autorité du roi suscite la peur des deux amants en fuite : « S'ils ont peur, ils n'y peuvent rien : ils savent que le roi est traître et coléreux. » (v. 2123-2124) **C'est la crainte qui fonde l'autorité du souverain.** Mais lui-même est aussi sujet à la peur : il craint le départ de Tristan dont la force, le prestige et la popularité sont pour lui un grand soutien, il craint la défection des barons félons qui l'affaiblirait, il craint également la colère d'Arthur et se soumet à son autorité. Quant au peuple, ses élans généreux sont étouffés par la crainte que lui inspirent les ordres de Marc et il se contente de dire en plaignant le sort de Tristan : « Nous ne devrions pas consentir à présent que votre corps fût ici mis à mort » (v. 858-859).

Le monde de Béroul est ainsi régi par la violence, la crainte et la menace ; la douceur en est étrangement absente ou du moins est-elle très rare dans ce climat d'insécurité permanente.

3. Un roman de la ruse

Pour se soustraire à cette violence écrasante et survivre au milieu de telles menaces, il ne reste, semble-t-il, aux héros que le recours à la ruse. C'est en quelque sorte la résurgence de la **« métis » grecque**, celle dont Ulysse fait preuve, aussi bien pendant le siège de Troie, en construisant le cheval de Troie, que dans le périple de son retour.

▪ **Cette ruse peut apparaître comme une excroissance de l'habileté.** Quand Tristan se réfugie dans les bois, il réussit à survivre grâce à une grande habileté manuelle : il sait construire une hutte de feuillage, il invente un piège infaillible, l'arc Qui ne faut, il révèle ses grandes qualités d'archer et réussit à dresser efficacement son chien, tel l'indien qui sait survivre dans n'importe quelle savane ; c'est un peu comme s'il avait suivi un stage commando ou une formation de scout ! **Sa qualité relève alors de l'ingéniosité, voire de la débrouillardise** — ce que l'ancien français entend par *engin* : c'est un aristocrate qui connaît toutes les astuces du manant contraint à vivre dans les bois. Avant cela, il a montré ses capacités d'observation : il a su distinguer le reflet du roi perché au haut du pin, il a compris le manège du nain qui répand la fleur de farine entre son lit et celui de Marc, il a imaginé de sauter pour ne pas laisser d'empreinte. **Après son séjour dans le Morrois, c'est la ruse verbale qu'il développe** : il parle au roi Arthur et au roi Marc, au risque de découvrir sa véritable identité. Sa méthode consiste à dire la vérité de telle manière qu'on la croie fausse. Ainsi dévoile-t-il pour ainsi dire le nom de sa maîtresse en prétendant qu'elle s'habille aussi bien qu'Yseut. Il dit aussi qu'elle lui a donné sa maladie et, de fait, elle lui a demandé expressément de se déguiser en lépreux : tout son art consiste donc à dire vrai en plaisantant.

▪ **Cette habileté dégénère cependant en mensonge** : Yseut déguise sa véritable pensée, la défigure. Sa parole est à la fois avisée et mensongère. Si l'on considère son premier dialogue avec Tristan, elle affirme n'aimer Tristan que parce qu'il faut aimer la famille de son mari et nous ne pouvons guère croire son propos : il faut l'innocence de Marc pour le faire. Son aptitude à la double énonciation, puisque son propos doit être compris différemment par Tristan et par Marc, fait d'emblée d'elle un **personnage à l'habileté un peu retorse**. Béroul ne l'est par moins qui, dans cette scène, réalise l'exploit d'une triple énonciation ; car le public de cette histoire entend encore autre chose que les deux précédents antagonistes : il comprend en effet que **le langage concourt au déguisement de la réalité et à l'ambiguïté de toute chose** ; comment donc savoir qui a raison et qui a tort dans toute cette scène, à moins qu'il ne faille admettre que l'ingéniosité triomphe de toutes les règles : les amants qui réussissent ici ont donc raison.

Dans le serment ambigu qu'elle prononce et la mise en scène qu'elle a organisée pour cela, Yseut confirme son habileté consommée dans l'art du langage et sa confiance dans **un Dieu qui soutiendrait en priorité l'habileté contre la bonne foi** ; à l'homme l'habileté pratique, à la femme celle de la langue. Leur union est riche d'échange et, de même qu'on a vu Tristan manier le langage avec une habileté grandissante, on voit Yseut capable de faire traverser à son palefroi le Mal Pas sans mouiller son harnais et gérer la nouvelle fortune que Tristan vient d'acquérir en mendiant avec une économie parcimonieuse.

▪ Quoi qu'il en soit, Tristan et Yseut mentent volontiers et sciemment, conformément à leurs intérêts ; **ils sont bien en cela les émules ou les modèles du goupil éponyme du *Roman de Renart*** et l'allusion à Maupertuis, le siège du repaire de Renart (v. 4285), est fondée, qu'elle soit d'origine ou interpolée*. La parenté de Renart et de Tristan dans le récit de Béroul est en effet frappante : même convoitise pour la femme de son seigneur*, puisque Renart violera Hersent, la compagne d'Ysengrin, même goût pour la tromperie facétieuse, même jubilation dans le déguisement et le subterfuge, même manque de scrupule enfin. Il est impossible de dire si Tristan est l'ancêtre, le frère ou le fils de Renart, mais ils expriment bien, l'un et l'autre, **la volonté de s'affranchir de certaines autorités en les tournant en dérision**. La ruse n'a plus alors comme seule finalité la survie, mais aussi la contestation et la volonté d'innover. Or dans le fragment conservé du récit, cette « sagesse », comme la nomme Béroul, cette rouerie et cette ruse, comme nous les nommerions plus volontiers, triomphent de tous les obstacles, semblant mettre à l'honneur ce nouvel adage inattendu : **aux roués les mains pleines**.

4. Un roman de la passion

Ce roman politique et social, ce roman d'espionnage, qui n'hésite pas à recourir au féerique, ce roman, curieusement amoral, peut-il être aussi **un roman de la passion** ? De fait, on a coutume d'associer le couple de Tristan et d'Yseut à ceux de tous les grands amants de la littérature : Pyrame et Thisbé[1], mais aussi Héloïse et Abélard[2], Roméo et Juliette...

■ Or la passion qui unit Tristan à Yseut est l'effet d'un breuvage magique, le *lovendrin*, le vin herbé, confectionné et même « bouilli », comme le dit le texte (v. 2139), par la mère d'Yseut. **L'origine à la fois artificielle et prosaïque de cette passion**, le fait qu'elle a pour cause un sortilège de mère avisée, lui retire beaucoup de sa grandeur. Qui plus est, les amants ne s'expriment

1. *Les Métamorphoses* d'Ovide, Les Belles Lettres, 1988.
2. *Lettres d'Abélard et Héloïse*, L'Harmattan, 1997.

guère dans le registre de la tendresse ; **leurs propos sont plutôt crus** : Yseut jure qu'aucun autre homme n'est « entré entre ses cuisses », sinon Marc et le lépreux qui vient de lui faire franchir le gué, et qu'elle a « monté comme un valet », entendez à califourchon, comme le précise le vers suivant : « Yseut la belle le chevaucha, jambe d'un côté, jambe de l'autre. » Yseut montre peu de retenue et de pudeur dans sa formulation et les autres versions sont souvent plus réservées : ainsi Bédier lui fait seulement jurer que nul autre homme ne l'a « prise entre ses bras ». La crudité des propos d'Yseut laisse penser que l'élan qui la pousse vers Tristan est avant tout sexuel et que le breuvage est essentiellement aphrodisiaque. Dès lors la signification de leur passion est différente : elle revendique une liberté sexuelle, qui est évidemment absente au XIIe siècle, ou même, plus largement, **le droit pour la chair d'exister et de s'exprimer**. Or la liaison de Tristan et d'Yseut est bien avant tout charnelle dans la première partie du fragment : les félons disent avoir surpris « la noble Yseut avec Tristan dans une telle posture que nul homme ne doit y consentir » et que « plusieurs fois, ils les ont vus dans le lit du roi Marc, couchés tout nus. » (v. 591-594) Au moment de leur repentir, Yseut affirme également : « De la comune de mon cors / Et je du suen somes tuit fors » (mais pour ce qui est de l'union de nos corps, nous en sommes définitivement éloignés) (v. 2329-2330). Le retour à la vie sociale et réglée se confond donc avec l'oubli du corps et de ses appétits ; la passion cesse ainsi d'être une « folie », elle devient honorable.

Mais ce renoncement aux plaisirs physiques ne dure guère et les félons ont tôt fait de les surprendre de nouveau réunis. **La passion de Tristan et d'Yseut n'est jamais chaste** et n'a en cela rien à voir avec la *fine amor* des romans courtois.

▪ **Outre son aspect sensuel et sexuel, la passion de Tristan se nourrit des obstacles à franchir.** De fait, quand les amants ont satisfait librement leur désir pendant les trois années consécutives qu'ils séjournent dans la forêt, ils cèdent au repentir ; c'est, nous dit Béroul, que l'effet du philtre cesse au bout de ce délai, mais nous pouvons aussi comprendre que cette lassitude soudaine vient de l'absence d'entraves à leurs amours. Denis de Rougemont[1] souligne cet aspect de leur amour. C'est le plaisir de ce qui paraît interdit, inaccessible, voire impossible qui attire ces deux êtres l'un vers l'autre ; ce qui leur est permis sans difficulté perd tout intérêt. **Ce sont des héros de la gageure et de la transgression**, leur passion est celle du risque plus qu'elle n'est amoureuse.

■ Bien sûr, dans leurs adieux répétés, les amants échangent des gages d'amour ; Tristan donne à Yseut son chien, Yseut confie à Tristan un anneau de jaspe vert, cet échange a lieu au moment où ils décident de réintégrer la vie sociale. Le chien peut symboliser la fidélité d'Yseut, l'anneau la soumission de Tristan, ces gages constituent surtout un moyen de reconnaissance et de sécurité : l'anneau témoigne le cas échéant que le message vient bien de Tristan et rompt toutes les autres obligations d'Yseut ; le chien permet à Tristan, dans la version d'Eilhart, de montrer à Kaherdin combien Yseut lui est resté fidèle. Ces gages ont valeur de monnaie d'échange, ils permettent aux amants de communiquer dans un univers qui leur est hostile.

Lors des seconds adieux, aux vers 2914-2916, on distingue cependant un moment de véritable tendresse entre eux ; Yseut rougit du regard empreint de douceur que Tristan lui adresse : « L'un l'autre esgarde bonement. / La roïne fu coloree, / Vergoigne avoit por l'asenblee. » (L'un et l'autre se regardent avec douceur. La reine a rougi, elle avait honte à cause de la foule.) C'est un signe de pudeur bien inhabituel chez l'Yseut de Béroul.

En effet, quand Tristan est ligoté et sur le point d'être brûlé, elle déplore de mourir sans être vengée, plus qu'elle ne pleure d'amour ; quand elle apprend qu'il s'est échappé, elle se réjouit de

---

1. *L'Amour et l'Occident* de Denis Rougemont, Plon, 1938.

pouvoir l'être. **La passion de la vengeance semble parfois supplanter chez elle la passion amoureuse.**

Peut-être faut-il conclure avec Denis de Rougemont : « Tristan et Yseut ne s'aiment pas [...] *Ce qu'ils aiment, c'est l'amour, c'est le fait même d'aimer.* Et ils agissent comme s'ils avaient compris que tout ce qui s'oppose à l'amour le garantit et le consacre dans leur cœur [...] Tristan aime se sentir aimé, bien plus qu'il n'aime Yseut la Blonde. Et Yseut ne fait rien pour retenir Tristan près d'elle : il lui suffit d'un rêve passionné. Ils ont besoin l'un de l'autre pour brûler, mais non de l'autre tel qu'il est. Et non de la présence de l'autre, mais bien plutôt de son absence. » Leur passion est donc active, provocatrice, elle multiplie les obstacles et les risques pour mieux se satisfaire, **elle est une énergique passion de l'action**. Ils font penser à Don Juan plus qu'aux couples d'amoureux transis.

5. Une forme romanesque balbutiante

On vient de voir qu'il s'agit à la fois d'une fable politique et sociale, d'un récit contestataire et amoral, de la représentation inhabituelle d'une passion énergique et active. Tous ces thèmes sont bien ceux du roman dans sa forme moderne ; il n'y a pas là de contradiction.

Il s'agit bien par ailleurs d'une combinaison d'épisodes, même si les liens qui les unissent restent assez lâches, si lâches même que certains ont cru à une compilation de récits et à la pluralité d'auteurs. On peut cependant se demander si cela suffit à en faire un roman.

▪ Le substantif *romanz*[1], qui deviendra *roman* un peu plus tard, est attesté dans la langue dès 1135. Il désigne la langue populaire parlée, par opposition au latin qui est la langue écrite. C'est dans

---

1. Cf. le *Précis de littérature française par siècle et par genre*, É. Calais et R. Doucet, Magnard, 1987.

cette langue, le roman, que vont être écrites, à partir de la fin du XIe siècle, les premières œuvres littéraires françaises comme la *Chanson de Roland* vers 1100. Aux récits épiques* que sont les chansons de geste*, succèdent les « romans » d'abord « antiques », dans la mesure où ils sont une transcription en roman de récits grecs ou latins. Le « roman », qui, à l'origine, ne désigne donc que la langue dans laquelle le récit est fait, va peu à peu désigner le récit lui-même, ou plutôt seulement certains types de récits ; en effet les chansons de geste*, qui sont elles aussi des récits, ne sont pas désignées par ce terme. C'est Chrétien de Troyes surtout qui désigne ainsi ses récits et crée en quelque sorte le genre romanesque. Nous ne connaissons pas le titre de l'ouvrage de Béroul, puisque nous n'avons pas le début du manuscrit et il est peut-être abusif de le nommer *Roman de Tristan* ; néanmoins sa parenté avec les romans courtois qui fleurissent à la fin du XIIe siècle nous y invite.

■ **Ce récit mêle des données réalistes à des éléments fictifs** : d'une part la géographie du sud de l'Angleterre, le souci du conteur d'attester l'existence réelle du rocher d'où Tristan accomplit son saut périlleux (v. 953-954) ainsi que la présence de la chasuble donnée par Yseut au monastère Saint-Sanson, à Lantien (v. 2994-2995), la présence du roi Arthur qui pourrait être un personnage historique, les allusions à la situation politique et sociale du XIIe siècle ; d'autre part, des personnages fictifs, Tristan, Yseut, Marc, le nain Frocin, des anachronismes qui font remonter le temps du récit à des époques barbares où l'on envoie au bûcher la femme adultère — ce qui ne se fait plus au XIIe siècle —, des recours, d'ailleurs peu abondants, au merveilleux, comme le philtre, le gigantisme du Morholt ou le dragon crêté. Ces ingrédients sont propres au genre romanesque breton, du moins à ses débuts, et le distinguent de la chanson de geste*, qui, elle, se veut purement réaliste et historique.

Le texte met l'accent sur quelques personnages principaux, ici le trio de l'adultère, les confidents et adjuvants que sont Brangien, Governal, Ogrin, Dinas et Orri, les opposants représentés par les trois félons, le nain, le forestier et l'espion du dernier épisode. **Le schéma narratif est résumé dans le rêve que fait Yseut** aux vers 2065-2072 : elle y est aux prises avec deux lions qui veulent la dévorer et la saisissent chacun par une main. Les deux lions peuvent représenter Marc et Tristan, qui se disputent la possession de la reine, ils peuvent aussi symboliser l'amour et l'honneur qui se partagent le cœur d'Yseut **Ce même conflit est à l'origine de presque tous les rebondissements**, si l'on excepte toutefois le dernier, dans lequel le roi Marc ne prend aucune part ; toute l'initiative de cet épisode revient aux félons ; si l'on inclut ce détail, le conflit n'est donc pas seulement celui d'un adultère ordinaire, mais se fait plutôt entre la possession du pouvoir et la liberté du sentiment ou du désir amoureux. Comment un individu, dans ce monde féodal, peut-il satisfaire à la fois son désir d'insertion sociale et politique et la liberté de ses instincts et sentiments amoureux ? Comment peut-il préserver sa liberté individuelle au sein d'une société dont il ne peut se passer ? En choisissant de poser une telle question, Béroul fait un roman et même un roman très moderne.

■ Malgré ces traits qui contribuent à faire de ce récit un roman au sens propre, on peut remarquer dans son organisation des vestiges d'autres habitudes littéraires qui, de nos jours, paraissent étrangères au genre romanesque : il s'agit d'une part des **marques d'oralité récurrentes** dans le texte, d'autre part de la **pluralité possible des auteurs.**

Le caractère oral de ce texte destiné à la récitation surprend : le public y est souvent interpellé et désigné par le substantif *seigneurs*, ce qui est inhabituel dans le genre romanesque moderne et gêne le processus d'identification du lecteur au personnage ; les redondances* et périphrases destinées à faciliter l'audition alourdissent la lecture ; la fragmentation en épisodes bien délimités, que la trame narrative ne relie qu'avec beaucoup de désinvolture, risque de transformer ce récit en série de courtes nouvelles ou de fabliaux. Il s'ensuit un grand flou dans l'organisation temporelle du « roman », dont bien des critiques ont relevé les invraisemblances ; ainsi, Tristan et Yseut séjournent trois ans dans la forêt du Morrois, les effets du philtre durent aussi trois ans, et l'on ne sait plus très bien dans quel temps peuvent se placer le mariage de Marc et d'Yseut et la première dénonciation du nain ; l'on ne sait pas davantage combien de temps s'écoule entre la restitution d'Yseut et la nouvelle réclamation des trois félons. En revanche le temps de chaque épisode est rigoureusement ordonné et compté en jours et en nuits.

La désinvolture des raccords n'atteint pas seulement la temporalité, elle touche aussi le nombre des personnages ; quand un des trois félons mentionnés dès le début est mort, il en reste encore trois à la fin, au début ils n'ont pas de noms propres, à la fin ils sont nommés, Ganelon, Denoalan et Godoïne ; certains épisodes, comme celui dans lequel le nain trahit le secret du roi Marc, n'ont que peu de lien avec le récit proprement dit ; les déclarations véhémentes de Gauvain, de Girflet et d'Yvain restent sans lendemain, puisque c'est finalement Tristan qui tue Denoalan et Godoïne. **Ces incohérences ont fait croire à la pluralité des conteurs**, tout au moins à leur dualité ; on oppose alors les premiers 3 000 vers qui se passent à Lantien, c'est-à-dire les trois premières séquences narratives, et les 1 500 derniers dont l'action se déroule à Tintagel. Dans la première partie, le conteur annonce par exemple que le forestier qui a dénoncé les amants endormis sera tué par Périnis ; or, dans la seconde, ce forestier est tué par Governal, lors du tournoi de la Blanche Lande ; en revanche le forestier Orri qui accueille et cache Tristan après la restitution, a déjà accueilli les fugitifs auparavant, alors qu'ils sont peints comme manquant de tout dans la première partie. Outre ces incohérences, la tonalité et la signification du récit semblent changer dans la deuxième partie de l'ouvrage ; au début les deux amants cèdent avec une spontanéité désarmante à l'élan naturel de leur désir, dans la seconde partie, ils composent leurs élans, calculent et deviennent parfois rebutants.

L'œuvre pourrait par conséquent n'être plus celle d'un rédacteur unique, mais une agglutination de récits différents sur un même thème, au même titre que le *Roman de Renart,* dont on dénombre les diverses branches.

6. Conclusion : à l'aube du roman

Il n'en reste pas moins que le texte, tel qu'il se présente, est au moins l'œuvre d'un copiste qui agence la narration comme si elle était continue, et c'est ainsi qu'il faut la lire. Elle se présente comme **un roman encore fruste dans ses méthodes, mais capable cependant de traiter des thèmes qui deviendront les thèmes de prédilection du genre romanesque** et capable également d'assurer l'évolution d'un personnage, confronté aux obstacles que la société oppose au développement de sa personnalité.

III. LA COURTOISIE* EN QUESTION

La courtoisie* est un art de vivre aristocratique, celui qui se pratique à la cour. Cet art de vivre consiste à la fois en un certain idéal de vie, héritier de l'*urbanitas* romaine et en une conception particulière de l'amour, la *fine amor,* qui s'élabore progressivement dans la poésie lyrique* méridionale du XIIe siècle. Nous examinerons successivement comment ces deux aspects de la courtoisie* s'illustrent dans le *Tristan* de Béroul. Nous tenterons également de situer cette œuvre par rapport au genre romanesque qu'est le « roman courtois ».

1. L'idéal courtois

Michel Zink, dans la *Littérature française du Moyen Âge*, le définit ainsi : « Être courtois suppose de connaître les usages, de se conduire avec aisance et distinction dans le monde, d'être habile à l'exercice de la chasse et de la guerre, d'avoir l'esprit assez agile pour les raffinements de la conversation et de la poésie. Être courtois suppose le goût du luxe en même temps que la familiarité détachée à son égard, l'horreur et le mépris de tout ce qui ressemble à la cupidité, à l'avarice, à l'esprit de lucre. Qui n'est pas courtois est *vilain*, mot qui désigne le paysan, mais qui prend très tôt une signification morale. Le vilain est âpre, avide, grossier. Il ne pense qu'à amasser et à retenir. Il est jaloux de ce qu'il possède ou croit posséder : de son avoir, de sa femme. »

Au regard de cette définition, **les héros de Béroul, malgré les dénégations de ce dernier (v. 1269), ne semblent pas bien courtois**.

Tristan n'est pas fidèle à son suzerain* et nuit à son autorité en le trompant avec Yseut ; il lui ment éhontément à plusieurs reprises ; il monnaie les services qu'il lui rend et rappelle souvent qu'il est à sa solde, tel un mercenaire ; il n'hésite pas même à exercer un certain chantage à son égard en le menaçant de se mettre à la solde d'un autre ; félon, il l'est alors au même titre que les trois barons. À supposer que ses exploits guerriers passés fassent de lui un véritable héros courtois, la manière insistante qu'il a de les rappeler pour justifier sa faute et en quelque sorte la légitimer donne l'impression d'un marchandage assez malsain. Sa prouesse semble s'être par ailleurs dégradée puisqu'il n'affronte plus guère que des lépreux dans le récit de Béroul. Ses qualités de chasseur cessent d'être désintéressées et deviennent, dans le massif du Morrois, le moyen de sa survie, pour ainsi dire un métier — *mestier* signifie en ancien français la nécessité, le besoin ; cela n'a plus grand-chose à voir avec le divertissement aristocratique que doit être la chasse ; c'est pire encore quand il se met à la chasse à l'homme en tuant

Godoïne. Il emploie son habileté à la conversation de curieuse manière dans les marécages du Mal Pas et la duplicité de ses propos s'accorde mal avec l'idée qu'on se fait d'un chevalier courtois.

Marc n'est pas en reste et les colères qui le poussent à abuser de son pouvoir et à ne pas suivre le cours normal de la justice ne sont guère « courtoises », elles non plus, comme le lui fait remarquer Dinas. Sa jalousie même a quelque chose de « vilain », ou de bourgeois, en langage moderne. Ce qui semble par-dessus tout lui faire défaut, c'est l'autorité nécessaire à un suzerain* ; aux vers 3432-3433, Périnis dit au roi Arthur : « Li rois n'a pas coraige entier, / Senpres est ci et senpres la. » (Le roi n'a pas de position ferme, toujours il est d'un côté, puis de l'autre.) Versatile*, coléreux, livrant sa femme à la lubricité des lépreux, se soumettant aux moindres pressions des félons, incapable de défendre celui qui, par sa force physique et son courage, est le plus ferme soutien de son pouvoir, il peut difficilement passer pour courtois. Tout au plus, la clémence dont il fait preuve auprès de Tristan et d'Yseut endormis peut-elle apparaître comme un signe de courtoisie*.

Quant à Yseut, la *roïne franche et honorée* (v. 837), outre le grand sens de l'économie domestique dont elle fait preuve en refusant de payer à Tristan, déguisé en lépreux, son passage et en exigeant que l'argent qu'il a gagné en mendiant lui soit remis, elle fait également preuve d'une duplicité qui sied mal à l'idéal chevaleresque et courtois. Que dire par ailleurs de la manière dont elle s'accommode d'appartenir à la fois à Tristan et au roi et de la crudité de certains de ses propos ? Elle se conduit plus souvent en bourgeoise avisée qu'en dame de la cour et se montre capable d'une assez grande vulgarité. Mais le conteur blâme le mensonge de Brangien et la traite de coquine (v. 519), alors qu'il ne commente jamais les ruses d'Yseut, qu'il qualifie inlassablement des adjectifs les plus flatteurs ; ses assertions* toutefois ne suffisent pas à établir la courtoisie* de son personnage déconcertant.

Seuls le sénéchal Dinas de Lidan et les chevaliers de la cour du roi Arthur semblent incarner l'idéal de courtoisie* précédemment défini. Quant aux autres personnages, menteurs, calculateurs, colériques, quelque peu voleurs, il paraît difficile de les intégrer dans un univers courtois.

2. L'amour courtois

En 1184, à la cour de Champagne qu'anime Marie de Champagne, la fille d'Aliénor d'Aquitaine et de Louis VII, André le Chapelain écrit en latin un *Traité de l'amour* qui codifie les règles de l'amour courtois. Dans ce même demi-siècle, la poésie lyrique* provençale exprime une sensibilité et une éthique amoureuse du même ordre.

Pour ceux-ci, **seul est courtois celui qui aime et témoigne à sa dame un respect et une dévotion extrêmes ; il a pour elle les devoirs d'un vassal* pour son suzerain***. Ni l'Église, ni les mœurs du temps, ni les textes antiques n'ont accordé semblable place à la femme jusqu'alors et cette vision littéraire est d'**une grande originalité**.

Par ailleurs, l'amour courtois se contente de désirer tout en sachant que la satisfaction de ce désir le détruirait ; l'amour est donc un mélange de plaisir et de souffrance, d'angoisse et d'exaltation. **L'amour ne saurait s'exprimer dans le mariage**, puisque le désir peut s'y assouvir sans obstacle ; en revanche, l'amour adultère est le plus propice à rendre difficile cet assouvissement et impose à l'amant une grande discrétion, s'il veut déjouer l'espionnage des jaloux médisants, les *losengiers*, figurés chez Béroul par les trois félons.

Enfin il ne messied pas que la dame soit d'un rang supérieur à celui de son amant, rendant ainsi sa suzeraineté plus manifeste ; le meilleur exemple en sont les amours de Lancelot[1] et de la reine Guenièvre, femme du roi Arthur ; c'est d'ailleurs ce récit que Marie de Champagne, à la cour de laquelle Chapelain rédigea son traité, commande à Chrétien de Troyes.

D'une certaine manière, l'amour de Tristan et d'Yseut est courtois ; Tristan, qui est le vassal* de Marc, s'est épris de la reine ; dans l'épisode du Mal Pas, il se soumet sans condition à sa volonté ; quand ils ont passé trois ans dans la forêt, las peut-être d'une possession trop aisée, en quelque sorte rassasié, il choisit de rendre Yseut au roi, renouvelant ainsi les obstacles qui s'opposeront à la satisfaction de son désir ; au moment de leur séparation, ils échangent des présents d'amour, que Béroul désigne par le substantif *drüerie* (v. 2687) : ce terme est celui dont use également la littérature courtoise. Sont-ils pour autant des vrais amants courtois ?

Le caractère très charnel de leur union semble le démentir, tout autant que leur manque de discrétion manifeste ; surtout **cet amour n'a pas été librement choisi** et l'on ne saurait considérer comme un amour parfait cette espèce d'ivresse ou d'ensorcellement due à l'absorption d'un breuvage, d'une drogue que Tristan qualifie lui-même de poison : « Q'el m'aime, c'est par la poison » (v. 1384). Certes le substantif *poison* signifie également potion, mais la connotation négative du terme incite à le traduire ici par poison. Cet amour involontaire et irresponsable est fondamentalement différent de l'amour consenti des vrais amants : les deux jeunes gens, poussés l'un vers l'autre par un désir qui semble exclusivement charnel, ne montrent guère de tendresse ni d'égards l'un pour l'autre ; leur discrétion est presque inexistante, si l'on songe au saut de Tristan d'un lit à l'autre. La durée limitée des effets du philtre et la décision brutale qu'ils prennent de mettre un terme à leur vie commune dans le Morrois le jour même où ces effets cessent ne

---

1. Cf. étude sur *Le Chevalier de la Charette* de Chrétien de Troyes par V. Boulhol, Ellipses, « Résonances », 1996.

sont guère en rapport avec la fidélité indéfectible qu'on attend d'eux. De l'amour, donc, mais sans *amitié* comme dans le véritable amour courtois, sans liberté de choix. Leur désir charnel est même si grand qu'il va jusqu'à abolir la souffrance physique : Tristan ne sent pas que sa blessure s'est rouverte dans l'épisode de la fleur de farine, les amants ne souffrent pas de leur dénuement dans la forêt du Morrois ; la sensation de cette souffrance ne survient qu'après la dissipation des effets du philtre.

La recherche spontanée et naturelle de l'assouvissement de leur désir n'a donc rien de courtois ; elle les met au ban de la société et, quand ils la réintègrent enfin, leur désir persistant et cette fois peut-être consenti fait d'eux des menteurs assez discourtois.

3. Le roman courtois

Les « romans antiques », qui transcrivaient en roman les récits de l'Antiquité, ont peu à peu adapté, de façon tout à fait anachronique, les héros de ces récits à la civilisation de leur époque ; ainsi est né le « roman courtois » qui met en scène des héros « preux et courtois », capables de maîtriser le monde qui les entoure en faisant non seulement preuve d'endurance et de courage, mais aussi en sacrifiant aux exigences de l'amour. Cette conciliation de **deux exigences apparemment contradictoires, la prouesse et l'amour, semble fonder véritablement le genre romanesque** ; la chanson de geste* ne laisse en effet pas place à l'amour ; la poésie ne laisse guère de place à la « geste », c'est-à-dire à l'expression de la prouesse ; le roman les rassemble et traite de leur affrontement. C'est ainsi qu'il est peu à peu amené à contester ou à critiquer certains aspects de la société féodale, alors que la chanson de geste* la soutenait inconditionnellement.

De ce point de vue, le *Tristan* de Béroul est bien un roman, mais il ne concilie pas les exigences de la prouesse et celle de l'amour, il semble qu'au contraire elles s'y excluent. Attirés de façon irrésistible l'un par l'autre, Tristan et Yseut oublient tous leurs devoirs sociaux : quand ils se repentent, ils en conviennent eux-mêmes ; mais après la restitution d'Yseut, Tristan ne part pas, du moins dans la version de Béroul, se couvrir de gloire chevaleresque auprès d'autres rois, il se cache dans le cellier d'Orri où son hôte le gave des produits de sa chasse ; après le serment d'Yseut, rassuré sur le sort de cette dernière, « Tristran sejorne, poi travalle » (Tristan demeure, il se tourmente peu), comme nous le lisons au vers 4266. Cette retraite quelque peu nonchalante ne plaide guère en faveur du héros dont la prouesse semble révolue. Ni Lancelot, ni Yvain, dans les romans courtois de Chrétien de Troyes, ne renoncent à leurs exploits pour l'amour de leur dame ; le premier hésite à monter dans la charrette, le second affronte toute une série de combats de plus en plus difficiles pour obtenir l'amour et la possession de Laudine. Tristan y renonce, comme si les combats contre le Morholt et contre le serpent crêté avaient suffi à lui assurer une retraite licencieuse. Si seulement il renonçait au monde et poursuivait sa vie sauvageonne dans la forêt du Morrois, comme un authentique hors-la-loi, il semblerait avoir pris le parti de l'amour ; mais au lieu de cela, il finit par rendre Yseut à Marc. Il est donc « recréant », entendez lâche, aussi bien en prouesse qu'en amour. **Il est par conséquent difficile de considérer le roman de Béroul comme un roman courtois** ; dans ce roman, au contraire, soit l'avènement des valeurs courtoises n'a pas encore eu lieu, soit elles se corrompent progressivement et l'absence d'analyse psychologique livre des faits bruts qui ne sont guère à l'honneur de nos héros.

Cette absence d'analyse psychologique contribue beaucoup à mettre le roman de Béroul en marge des autres versions du mythe* de Tristan et des romans courtois de Chrétien de Troyes. Aucune explication en effet ne vient justifier le séjour de Tristan chez Orri après que la reine a prêté serment, aucune raison ne nous est donnée pour justifier l'âpreté au gain d'Yseut, les revirements de Marc sont, eux aussi, obscurs ; ces obscurités, qui font la profondeur de ce récit, sont aussi ce qui le sépare du roman courtois. Dans la version courtoise de Thomas, les bizarreries de la conduite des uns et des autres sont toujours explicitement justifiées et abondamment commentées ; l'infamie qu'encourt Lancelot, chez Chrétien de Troyes, trouve, au prix d'une allégorie* entre *Amour* et *Raison*, sa justification dans les règles de l'amour courtois. Ici, la brutalité des faits laisse place à toutes sortes d'interprétations parfois fort peu courtoises ; la légende et le mythe* n'y ont pas encore été absorbés et policés par la forme romanesque.

4. Conclusion : une version commune, sans courtoisie*

Des prouesses de cirque, un amour impulsif et cru, des héros qui ne parviennent à imposer ni leur amour ni leur valeur, l'absence de relief psychologique ont invité Bédier à qualifier le récit de Béroul de version « commune », c'est-à-dire vulgaire et non courtoise.

IV. UN ROMAN DE L'ÉNERGIE ET DE LA VITALITÉ

Le *Tristan* de Béroul ne semble pas courtois et n'est peut-être pas à l'origine un récit destiné à un public aristocratique ; c'est peut-être l'œuvre d'un jongleur*, plutôt que celle d'un clerc*. Sa version semble proche de la *vulgate** d'une légende dont les origines étaient probablement plus populaires qu'aristocratiques : Tristan y fait en effet figure d'homme nouveau, de parvenu, si l'on peut dire ; quant à Yseut elle ressemble plus à une intrigante qu'à une dame à proprement parler. C'est ce côté scandaleux de leur liaison et de leurs ruses qui a pu surprendre des auditeurs sensibilisés à la littérature courtoise. Cette indignation perce bien dans les propos que

Chrétien de Troyes fait tenir aux héros de *Cligès* : « Si je vous aime et que vous m'aimez, vous n'aurez jamais le nom de Tristan et je ne serai pas Yseut non plus, car l'amour ne serait plus preux, s'il comprenait blâme ou vice », ou encore « Je ne pourrais pas accepter la vie que mena Yseut, l'amour chez elle fut trop avili, car elle accorda son corps à deux personnes, quand son cœur n'était qu'à un. » Le clerc* qu'était Chrétien exprime ici son mépris pour **un récit qui n'a rien d'aristocratique** et dont les revendications mettent en péril un ordre établi qu'il veut bien réformer, mais non pas abolir.

De fait le *Tristan* de Béroul semble se faire l'écho de revendications qui sont plutôt celles du peuple : le droit à la subversion, un adoucissement des principes d'une religion, jugée par trop contraignante, la libération d'un désir sexuel contrarié et la réhabilitation du corps méprisé, le recours possible à la ruse contre l'oppression de la force toute-puissante.

1. Légitimité de la subversion

L'autorité temporelle de Marc est, dans le récit de Béroul, à la fois critiquée et ridiculisée : il exerce le pouvoir sans avoir la force nécessaire pour l'imposer et cela dépasse cette fois le problème de la simple féodalité*. S'il conserve son pouvoir, c'est uniquement grâce à la vaillance de son neveu qui ose affronter le Morholt, sans qu'il ait osé le faire lui-même ; dès lors, on peut s'interroger sur le fait que le pouvoir ne soit pas, à ce moment précis, échu à Tristan, comme on peut se demander pourquoi Tristan, qui a acquis par son combat contre le serpent crêté la main d'Yseut, l'abandonne à son oncle. **Ce n'est plus seulement la force, mais la légitimité du pouvoir qui est ici remise en question**, comme si le pouvoir devait être insurrectionnel* et appartenir aussitôt à celui qui l'acquiert. Le peuple qui soutient Tristan serait, sans doute, assez porté à défendre ce parti. La crise naît ici de ce que c'est le faible qui détient le pouvoir et de ce que c'est le vieux qui épouse la jeune femme, **l'ordre naturel étant ainsi violé au profit d'un ordre social qui, de ce fait, est critiquable**.

La conduite subversive de Tristan et d'Yseut se trouve ainsi légitimée, ils ne font que réclamer leur dû, le prix de la dette que le roi Marc a contractée à leur égard ; les plaintes de Tristan ne font plus seulement appel à sa pitié et à sa générosité, c'est en maître qu'il réclame ce qu'il a conquis. Le traître, c'est Marc qui ne comprend pas que son règne est achevé, au même titre que le père d'Œdipe, auquel l'oracle annonce métaphoriquement que son fils le tuera et épousera par surcroît sa mère, ne comprend pas qu'on lui signifie là seulement la fin de toute chose : son fils lui succédera à sa mort, il assurera à son tour la reproduction de la lignée ; en refusant cette succession naturelle et en éloignant son fils, il provoque le parricide et l'accouplement incestueux d'Œdipe. Dans le mythe* des Argonautes, on retrouve aussi ce problème de la succession dynastique et Médée doit tuer l'oncle de Jason, qui ne veut pas lui céder sa place. **C'est aussi d'une certaine manière un conflit de génération.**

Ainsi Béroul dénonce l'obstination des gouvernants à conserver le pouvoir quand ils ont cessé de l'avoir effectivement. Seule l'action accomplie avec succès confère le pouvoir : le mensonge réussi d'Yseut l'installe de nouveau fermement sur le trône et ouvre une période de paix pour la Cornouailles. On comprend bien ce qu'une telle conclusion a de subversif dans la mesure où elle semble rétablir **le droit momentané du plus fort** ; mais on comprend mal aussi pourquoi Tristan, qui a la force pour lui, n'en use pas pour s'emparer purement et simplement d'Yseut en tuant Marc.

C'est que **Tristan reste malgré tout un héros civilisé** : il comprend le caractère insurrectionnel* de sa situation et refuse de la conduire à son terme. Il tente de renouer un pacte avec son oncle, qui comprend bien que c'est son intérêt (v. 2873-2874) ; il tente même de renoncer à Yseut en la restituant à Marc. Il ne semble pas encore doté d'une indépendance d'esprit et d'un individualisme tels qu'il puisse envisager son sort personnel hors de cadres sociaux qu'il connaît : l'anarchisme n'est pas encore né, parce que l'ordre social est encore trop jeune.

Le *Tristan* de Béroul conteste les fondements du pouvoir, comme la légitimité de son exercice ; il rappelle combien l'organisation sociale le dénature en le rendant arbitraire ; il semble préconiser un retour à un ordre plus naturel, mais aussi plus précaire et plus instable. Cette position est plus populaire qu'aristocratique puisqu'elle ouvre la voie du pouvoir à des « hommes nouveaux », qui pourraient n'être pas issus de la classe nobiliaire.

2. La religion contestée

La religion est elle aussi quelque peu malmenée dans le récit de Béroul. Le conteur, en prenant assez explicitement le parti des amants adultères, semble revendiquer le droit pour l'amour de s'exprimer hors du sacrement du mariage et légitimer le scandale.

Pour Béroul, Dieu est du côté des amants ; Dieu fait pour Tristan un miracle en lui permettant le saut périlleux de la chapelle ; le conteur annonce à l'avance cette péripétie (v. 755-756), à peine s'efforce-t-il de rendre cet exploit plausible en expliquant que le vent, en gonflant les vêtements de Tristan, les transforme en parachute. Dieu garde un silence complice dans l'épisode du serment ; certes, nous n'en sommes pas encore au miracle véritable qui s'accomplit dans les autres versions, quand Yseut doit empoigner un fer rougi au feu, mais c'est tout de même mettre Dieu du côté des pécheurs. Dieu enfin exauce la prière de Tristan dans la dernière scène et lui permet effectivement d'atteindre Godoïne ; les amants d'ailleurs ne cessent d'invoquer le secours de Dieu, et le succès de leurs entreprises semble confirmer qu'ils l'obtiennent.

Par ailleurs, **Ogrin se fait l'apôtre d'une religion complaisante** : « Quand un homme et une femme ont commis le péché, s'ils se sont unis et qu'ils se sont quittés, s'ils en viennent à faire pénitence et témoignent d'un bon repentir, Dieu leur pardonne leur forfait, si horrible et si honteux qu'il soit. » (v. 2345-2350) C'est un Dieu indulgent que l'ermite présente, et même un peu trop indulgent, dans la mesure où Ogrin ajoute : « Pour supprimer la honte et couvrir la faute, il faut mentir un peu avec habileté. » (v. 2353-2354) On est un peu surpris de voir qu'il rédige une lettre dans laquelle il conseille à Tristan d'assurer qu'il n'a jamais commis l'adultère avec Yseut.

Ce désir d'une religion plus souple et plus complaisante semble aussi d'origine plutôt populaire. Car l'aristocratie continue de révérer le mariage, indispensable pour la transmission légitime des titres et des biens ; il faut n'avoir rien à perdre pour revendiquer l'indulgence pour l'amour adultère. Les romans courtois ne s'y trompaient pas qui présentaient **l'amour courtois comme platonique et sentimental** : le désir sexuel y était sublimé dans la passion amoureuse et ne remettait pas en cause la légitimité du mariage ; la Fénice de Chrétien de Troyes le sait bien, qui refuse d'appartenir à son mari, pour pouvoir ensuite épouser vierge son amant après la mort de son mari : « Jamais mon corps ne se prostituera, ils ne seront pas deux à se le partager : qui a le cœur, qu'il ait aussi le corps. » Le récit courtois préserve l'unicité de la relation amoureuse, alors que, chez Béroul, se dessine la possibilité d'une relation multiple.

Enfin, **le philtre permet d'amoindrir la culpabilité des amants**, qui aiment malgré eux et semblent donc d'innocentes victimes jusqu'à l'épisode du Morrois. C'est peut-être ce qui explique la présence de l'épée entre eux deux quand Marc les surprend ; elle rappelle le caractère extérieur et involontaire de l'attrait qui les unit ; ils ont péché sans intention de le faire et semblent, de ce fait, innocents. Yseut se défend ainsi auprès d'Ogrin : « Sire, au nom de Dieu tout-puissant, il ne m'aime et je ne l'aime qu'à cause d'un breuvage dont je bus ainsi que lui : ce fut notre péché. » (v. 1412-1415) — *péché* dans la langue du XIIe siècle signifie erreur, sans connotation religieuse. Or boire par inadvertance un tel breuvage n'engage pas leur responsabilité. Mais, quand les effets du philtre ont cessé, ils deviennent coupables ; dès lors Ogrin disparaît, qui ne pourrait plus que les condamner. Il est, bien sûr, vain de chercher comment Béroul résolvait ce problème dans les parties manquantes de son récit. Toutefois la dégradation des personnages dans la seconde partie du récit conservé n'est pas de bon augure et l'on voit mal Dieu cautionner leur récidive et leurs meurtres.

Le roman courtois s'efforce donc de préserver la morale et la religion en confinant la *fine amor* au domaine sentimental ; Béroul ouvre plus largement la porte au scandale en nous donnant pour modèle une femme complaisante, qui partage impunément son corps entre deux hommes, sans trop s'en plaindre après tout, et sans que Dieu, semble-t-il, cesse de soutenir son parti.

3. La sexualité revendiquée et le corps réhabilité

Chez Béroul l'élan qui pousse les deux amants l'un vers l'autre et qui résulte de l'absorption du philtre semble charnel et sexuel : on les voit dormir ensemble, se coucher nus dans le lit de Marc, ou bien aperçus par les félons dans une telle posture « que nul homme ne doit y consentir » (v. 592). La crudité même des propos d'Yseut dans son serment montre qu'elle parle bien d'une union charnelle. Le reste semble importer assez peu. C'est l'assouvissement charnel du désir qui est ici présenté par le conteur comme légitime, même hors mariage. En prenant le parti de ses deux personnages, il se fait avant l'heure le défenseur de la liberté sexuelle, il réhabilite le corps et ses appétits, contre l'Église qui affiche son mépris pour ce qu'elle considère comme l'enveloppe périssable d'une âme qui, seule, est précieuse. **Il y a dans la vitalité vigoureuse des étreintes de Tristan et d'Yseut une annonce de la Renaissance et des exubérances de Rabelais.**

De fait Yseut ne montre jamais beaucoup d'affection pour celui que son désir poursuit et semble même le quitter avec un sang-froid assez déconcertant au moment de leur repentir ; si elle le retient auprès de la cour, chez Orri, c'est surtout pour assurer sa sécurité, du moins est-ce le motif qu'elle avance officiellement ; si elle regrette qu'on le brûle sur le bûcher, c'est parce qu'elle regrette de mourir sans vengeance. Elle semble un peu trop cérébrale pour s'attendrir. Il n'en reste pas moins que son goût sensuel pour Tristan ne se dément pas et que leurs rencontres recommencent après la restitution.

Cette sexualité a un caractère pour ainsi dire sauvage, elle s'exprime librement dans la forêt, elle préserve la vie autour d'elle : Yseut plaide la cause d'Husdent et ses conseils incitent Tristan à le dresser plutôt que de le tuer. De retour dans la société, cette sexualité devient porteuse de mort et Tristan doit tuer ses rivaux pour survivre ; ainsi est révélée l'ambivalence de la sexualité. Pour Béroul, il semble que la sexualité libérée se tourne vers la vie et que la contrainte que lui impose la société la rende meurtrière.

Ce « conte d'amour et de mort », ainsi que le présente Denis de Rougemont, pourrait donc être, dans la version commune de Béroul, **un conte d'amour et de vie**. L'amour même y tend à ce point à la vie qu'il renonce à la vie sauvage, réintègre la société et y prend ses aises : les corps pâlis et décharnés des deux héros reprennent couleur et force, leurs esprits revigorés leur inspirent les stratagèmes nécessaires à leur survie, tel le faux départ de Tristan ou le serment fallacieux d'Yseut. **Le corps a ses droits que la morale**

sociale, la religion ni le sentiment ne sauraient aliéner ; telle semble être la leçon du récit de Béroul. S'agit-il des revendications d'un corps, opprimé par la religion et la précarité d'une économie de classe, ou de la survivance d'un état barbare, dans lequel le corps impose ses appétits dans la méconnaissance de ce que l'esprit et la sensibilité peuvent affiner en lui ? Les deux opinions sont défendables et selon qu'on adopte l'une ou l'autre, Béroul peut être un précurseur ou un attardé. Quoi qu'il en soit, **la nature semble chez Béroul encore ou déjà forte**.

4. De l'ingéniosité à la rouerie

Pour faire triompher le parti de la satisfaction des désirs naturels dans une société qui commence à les régenter, ou qui les régente depuis longtemps, il faut beaucoup d'habileté. Au XIIe siècle, la vie est fort précaire et malgré toute l'horreur qu'on a du mensonge, c'est lui qui permet le plus souvent de vaincre l'oppression. **La même situation qui a produit Renart pouvait bien produire un Tristan rusé et menteur.** Ulysse trompe la malignité des dieux et leurs projets par ses mensonges et met un terme à un siège qui s'éternisait depuis dix ans ; il trompe la vigilance de Circé et s'enfuit, comme il trompe la vigilance du géant Polyphème. Les exemples de ruses humaines capables de triompher de l'attention des dieux ne manquaient pas dans l'Antiquité. Cette « métis » d'Ulysse se retrouve chez Tristan et Yseut, qui mentent d'abord par souci de leur sauvegarde, puis qui prennent peu à peu goût au mensonge gratuit.

L'on accepte aisément que Tristan et Yseut ne dévoilent pas leur intimité quand ils aperçoivent Marc perché au haut du pin ; est-il pour autant nécessaire de développer, comme le fait Yseut, toute une argumentation mensongère pour justifier un amour pour Tristan, qu'elle refuse pourtant de montrer ? L'impression est alors qu'elle en dit peut-être plus qu'il n'est nécessaire. De même le serment qu'elle prononce ne lui a pas été imposé par Marc ; elle a délibérément et volontairement choisi de le prononcer et de le mettre en scène ; le luxe des détails de sa préparation et de son orchestration paraît, là aussi, assez gratuit, au même titre que les facéties de Tristan qui guide les félons au plus profond du bourbier. Le mensonge n'est plus seulement une nécessité, il devient un jeu, une gageure que les héros se complaisent à relever.

C'est assez rappeler que les apparences fondent la réalité, que le mensonge d'Yseut suffit à annuler l'adultère commis, que le mot est la chose, que la parole est tout : Marc, qui a cependant pris Tristan et Yseut en flagrant délit dans l'épisode de la fleur de farine, finit par croire à l'innocence des amants, non parce qu'il est niais, mais parce que le langage l'emporte sur la vue. Le spectacle ne prend son sens que par la formulation que lui donne la parole.

De fait, **dans le récit de Béroul, la parole est abondante et toujours reproduite au style direct, c'est-à-dire sous la forme qui lui confère la plus grande autonomie**. La parole des personnages se veut vérité et réalité ; c'est peut-être ce qui permet d'imposer au lecteur l'innocence des amants, qui pourtant trompent éhontément Marc, d'imposer la félonie des barons, qui pourtant se contentent de dire la vérité. Le commentaire du conteur, au style direct lui aussi, contribue largement à cette orientation et entend bien faire de l'amour adultère de Tristan et d'Yseut une réalité plus émouvante que condamnable.

Béroul croit-il que la parole fonde la réalité ? Nous invite-t-il au contraire à nous méfier de cet emploi mensonger du verbe ? Il est délicat de répondre ; on serait tenté de penser qu'il dénonce cet emploi, mais la sympathie qu'il témoigne aux deux amants ne peut s'expliquer que s'il croit à la suprématie de l'explication verbale sur l'action : peu importent les mauvaises actions qu'ils accomplissent si leurs paroles les justifient.

5. Conclusion

Ce roman contestataire place l'individu au premier plan ; son énergie et sa vitalité peuvent lui permettre de conquérir le pouvoir, de fléchir la sévérité de la religion, d'obtenir la satisfaction de ses besoins physiques, de modifier la réalité par l'image verbale qu'il en donne. Roman des origines, proche de la nature, dont il exalte la force, ou roman de l'oppression sociale dont il tente de faire éclater le carcan, il n'en exprime pas moins les désirs d'un peuple que les pouvoirs arbitraires oppriment, dont la religion contrarie les désirs, dont la société ne satisfait guère les besoins physiques, que la parole domine. Cette version commune sera récupérée par l'aristocratie qui, dans les versions courtoises, en donnera une interprétation moins subversive.

V. LE « RÉALISME » DANS *TRISTAN*

Le roman de Béroul peut apparaître à bien des égards comme un roman d'actualité, dans la mesure où il reflète les institutions, les préoccupations, les modes de vie, les réalisations techniques de l'époque contemporaine de la rédaction. On a déjà vu combien le récit est ancré dans les problèmes politiques que pose le système féodal, combien il ébranle les enseignements de l'Église catholique qui partage le pouvoir avec la noblesse. On a également vu que le conteur attache une grande importance à certifier ses dires en les situant dans une réalité concrète : sa géographie est précise, il mentionne l'existence réelle du rocher qui a pour nom le saut de Tristan ainsi que celle de la chasuble confiée par Yseut au moutier de Saint-Sanson. Cet ancrage réaliste soutient son propos, l'anime, lui donne vie et consistance.

Sans revenir sur le réalisme de la situation politique qui a été traité dans le sous-titre intitulé « 1. Le roman d'une succession », on y trouve également un écho des institutions juridiques, de la situation économique et des conditions sociales de l'époque. **C'est cette abondance de références réalistes qui fait du récit de Béroul une véritable comédie humaine.**

1. La réalité politique

On peut s'en faire une idée précise en se reportant au sous-titre II intitulé « Est-ce un roman ? »

2. La réalité juridique

Béroul n'écrit pas une fable ou un conte hors du temps ; **il se réfère à la réalité juridique et au droit coutumier du XIIe siècle**. Il fait adopter à Marc, dans l'épisode de la fleur de farine, la procédure que l'on suit alors dans les cas de **flagrant délit** : saisie immédiate des deux coupables que l'on ligote, proclamation de leur faute et de leur arrestation, refus du duel judiciaire, la *deraisne*, que Tristan réclame pourtant à grands cris, et refus légal d'un procès, le *plaid*. La *déraisne* est un jugement de Dieu : Tristan offre de se justifier par les armes ; Dieu accorde la victoire à celui qui est dans son bon droit. Tristan juge qu'il n'est pas coupable parce qu'il est ensorcelé par le breuvage ; mais on imagine mal comment le conteur aurait pu justifier le succès de Tristan dans un duel judiciaire, sans doute est-ce pour cela qu'il est constamment refusé à Tristan. Le *plaid* réunit autour du roi la cour de justice : on y juge les causes criminelles ou les conflits entre vassaux ; le haut clergé et les officiers de la maison royale y prennent part. Cette procédure de flagrant délit est donc coutumière et sans anachronisme.

La condamnation au bûcher, toutefois, est plus exceptionnelle, bien que Pierre Jonin, dans son étude sur les *Personnages féminins dans les romans français de Tristan*, cite le cas d'une peine de ce type appliquée à une femme adultère, à Jérusalem, à l'époque de Godefroy de Bouillon. La livraison de condamnés aux lépreux est même attestée dans certains cas, et leur présence ainsi que celle de leur village à proximité de la résidence et ville royale de Lantien est réaliste. Dans son discours, Yvain dresse sans exagération un tableau convaincant de leur statut et de leur mode de vie.

Enfin, les formules prononcées par Yseut lorsqu'elle prête serment sont attestées. L'*escondit* consiste à prêter serment sur les reliques des saints devant des témoins qui ensuite garantiront par la force et en duel judiciaire la vérité de ce serment ; les chevaliers du roi Arthur sont conviés pour cette raison. Dans d'autres versions les conteurs la soumettent à l'*ordalie*, qui est un autre jugement de Dieu, dans lequel les termes du serment sont soumis à l'épreuve d'un élément naturel, en général l'eau ou le feu ; Dieu protège ceux qui sont dans leur droit : ainsi, chez Bédier, Yseut prend dans sa main un fer rougi sans être brûlée. Cette pratique cependant était, semble-t-il, révolue au XIIe siècle.

Yseut et Tristan sont donc bien des amants du XIIe siècle aux prises avec le droit coutumier de leur pays, droit dont le conteur s'emploie à souligner la cruauté puisqu'il fait en sorte que ses héros échappent au châtiment.

3. La réalité économique et quotidienne

Si le palais royal semble encore bien rustique, un peu trop même pour le XIIe siècle, puisque toute la *mesnie* semble y dormir dans une seule chambre, que l'on jonche de roseaux ou, dans les meilleurs cas, de glaïeuls ou de fleurs, les cérémonies et les fêtes sont l'occasion d'un vaste déploiement de luxe. Sans doute Béroul est-il réaliste dans sa description de Lantien, parée pour le retour d'Yseut : les rues sont tapissées de brocart et de tentures diverses, Dinas offre une chape de prix, Yseut a été vêtue princièrement par

Ogrin qui a marchandé les plus belles étoffes au Mont Saint Michel de Cornouailles. La richesse du lexique textile, *brocart, soie, paile, ecarlate, cortine, chainsil, grisain, serge, pourpre,* la variété des fourrures, *hermine, petit-gris, vair,* les nombreuses parties du vêtement, *bliaut, guimpe, chape, traïne, mantel,* la précision avec laquelle l'origine des tissus est indiquée, soie de Bagdad ou de Nicée, illustrent bien l'activité commerciale et l'importance de l'industrie textile au XIIe siècle. Même chatoiement d'étoffes et de richesse dans le campement de la Blanche Lande. Ce goût du luxe a pu être rapporté d'Orient, au retour des croisades.

C'est avec une même précision réaliste que le conteur désigne les différentes parties du harnachement du cheval auquel Yseut fait traverser le Mal Pas sans dommage : *sanbue, arçon, lorrain, selle, poitral, frain, corgie.* Cette précision rend bien compte de l'importance de l'art équestre à une époque où le cheval est pour ainsi dire le seul moyen de locomotion, *palefroi* habile à l'amble pour le transport, ou *destrier* pour le combat.

Mais la misère de certains est peinte avec un réalisme tout aussi grand : tumeurs, cliquettes et gamelles des lépreux, évoquées par Yvain et parodiées par Tristan quand il se déguise, dénuement des bannis dans la forêt du Morrois, pratique officialisée de la mendicité.

Par ailleurs, l'invention d'un nouveau piège par Tristan rappelle les progrès de la technique en matière de chasse. La présence de Marc sur un *essart,* puis sur un brûlis fait référence au déboisement et à la mise en jachère qui contribuèrent au XIIe siècle à l'amélioration de la production agricole. La construction en pierre de l'escalier qui mène au cellier d'Orri, l'évocation de la chapelle où Tristan accomplit son saut périlleux montrent l'essor du bâtiment. Tristan jure de ne plus se baigner dans de l'eau chaude, tant qu'il n'aura pas tué les félons, ce qui semble montrer un certain sens de l'hygiène.

Les objets de la vie courante sont donc présents dans le récit de Béroul et témoignent de l'ancrage réaliste de son roman en même temps que de la répartition inégale des biens. **Ce contexte économique, représenté dans ses aspects les plus concrets, fait du *Tristan* de Béroul un roman d'actualité plus qu'un conte.**

4. Le réalisme social

Le roman de Béroul reflète assez bien deux particularités importantes du XIIe siècle : **l'illettrisme de l'aristocratie et l'ascension des femmes dans la société**.

Quand Tristan doit envoyer à Marc une lettre pour lui proposer la restitution d'Yseut, il doit recourir au service d'Ogrin, car il ne sait pas écrire ; Marc, à son tour recourt à son chapelain pour lire le courrier de son neveu ; s'il fait lire la missive à ses barons, c'est parce qu'ils ne savent sans doute ni lire ni écrire eux non plus. L'oralité de la récitation des romans se justifie donc pleinement, dans une société où seuls les clercs* savent lire et écrire.

Quant à **l'ascension des femmes**, peut-être liée à l'absence des hommes qui partirent pour les croisades, Yseut en est un bon exemple. C'est elle, plus que Marc, qui gouverne. Dans la première scène, elle pousse Marc à autoriser de nouveau Tristan à séjourner librement à la cour ; grâce à son serment ambigu, elle rétablit l'ordre et la puissance de Marc ; elle commande également le service de Tristan, qui s'empresse d'exécuter ses ordres à la lettre ; le peuple lui voue une affection sans borne, bien qu'elle soit étrangère ; Dinas la défend avec ardeur. De même que Guenièvre semble régner à la place du roi Arthur, dans la légende de Lancelot, de même Yseut semble mener les hommes de ce récit à sa guise. Cela va dans le sens de l'amour courtois, né lui aussi dans cette période où les hommes partirent en Terre Sainte. Les ruses de Brangien, dans la première scène, contribuent grandement au succès de la supercherie. La femme opprimée des siècles précédents relève donc la tête dans ce récit, comme d'ailleurs dans les romans courtois qui suivront.

Par ailleurs, **les rassemblements de foule sont eux aussi conformes à la réalité de la vie médiévale** ; les divertissements aristocratiques comme la chasse, les tournois, les plaisirs amoureux sont esquissés et participent à l'illusion réaliste. Les lépreux même ne sont pas absents, qui sont une des réalités les plus émouvantes du Moyen Âge. C'est plutôt l'absence des membres du clergé, pourtant fort nombreux et fort influent à l'époque, qui surprend le plus chez Béroul : Ogrin, prudhomme pieux retiré dans la forêt du Morrois, n'est en effet pas très représentatif de ce clergé, et les évêques, clercs*, moines et abbés qui viennent à sa rencontre quand elle se rend au moutier Saint-Sanson, au moment de sa restitution, semblent ne figurer là que pour faire étalage de leurs chapes et aubes, et pour recevoir le présent d'Yseut.

Toutes les classes sociales sont ainsi représentées, avec leurs particularités, à l'exception de celle qui dérange le plus notre conteur.

5. Conclusion : une comédie humaine

L'ensemble de ces notations réalistes confère au récit une atmosphère d'authenticité et de vie ; la diversité des situations qui s'y ajoute le transforme en véritable comédie humaine, avec ses farces et ses drames : drames de la jalousie, jubilation de la revanche et de la ruse victorieuse. L'univers réaliste de Béroul date le récit, l'apparente aux fabliaux et au vaudeville, plus qu'au conte.

VI. UNE « FORÊT DE SYMBOLES »

Si réaliste que soit le récit de Béroul, il n'en recourt pas moins à un certain nombre de symboles qui contribuent à sa profondeur et alimentent le propos des exégètes*. On évoquera quelques lieux, puis la lèpre avec le philtre, dont la place est évidemment capitale dans le mythe* de Tristan, les lions et le chien, l'épée, l'anneau et le gant de vair, le nain et l'ermite, le blanc et le noir.

1. Les lieux

a. La forêt

La forêt couvre encore au XIIe siècle la plus grande partie du territoire. Ambivalente, elle inspire des terreurs, mais peut aussi servir de refuge. Dans le monde celtique, berceau de cette légende bretonne, la forêt tient lieu de sanctuaire ; l'arbre y sert d'intermédiaire entre la terre dans laquelle il plonge ses racines et le ciel vers lequel il tend sa cime. Les temples de pierre n'apparaîtront en Gaule qu'avec l'influence romaine. C'est aussi une image de l'autre monde, celui dans lequel les chevaliers trouvent l'aventure, ou celui de la folie, si l'on songe à Yvain, dans *Yvain, le chevalier au lion* de Chrétien de Troyes. On pourrait y voir plus simplement le lieu de la confrontation avec soi-même, sans le regard de la société ; la psychanalyse en fait une figure de l'inconscient.

Tristan et Yseut, pour échapper à la mort, se réfugient dans la forêt ; ils y sont à l'abri des poursuites des félons et de Marc, surtout ils y sont à l'écart de toutes les contraintes culturelles et sociales. **Une vie naturelle s'y entretient, au prix de grands efforts**, du moins chez Béroul. Cette *aspre vie* leur permet de satisfaire leurs élans amoureux tout en les privant de toutes leurs aises et figure douloureusement l'antinomie* de l'amour et du monde ; chez Béroul, le séjour dans la forêt n'est pas un accomplissement : on ne vit pas d'amour et d'eau fraîche, comme dans les versions courtoises imitées, sans doute, de Thomas, comme celle de Gottfried et le *Roman en prose.* Dans ces dernières, Tristan et Yseut, qui n'ont pas été pris sur le fait, sont simplement bannis et s'en vont, main dans la main et heureux, au cœur de la forêt : « Jamais ils n'avaient été aussi joyeux », nous dit le *Roman en prose.* Ils se logent dans une grotte aux abords d'un ruisseau qui les abreuve de son eau claire. La forêt déploie autour des amants une atmosphère accueillante et amicale. L'ambivalence symbolique de la forêt transparaît bien dans ces deux emplois.

Chez Béroul, le séjour dans la forêt est une épreuve ; leur chair pâlit (v. 2132), ils souffrent de n'avoir ni pain, ni sel, ingrédients qui symbolisent alors la quintessence de la civilisation, et ils risquent bien de ne plus se nourrir que d'herbes et de glands (v. 1405). Il faut bien que ce séjour soit inhospitalier pour justifier leur retour à la vie sociale. La vie sauvage, loin d'être paradisiaque, les affame, les dénude, les fait vivre dans l'épouvante et les emprisonne, même si, le premier soir qu'ils y dorment, Béroul dit aux vers 1277-1278 : « Or est Tristran si a seür / Con sil fust en chastel o mur. » (Là Tristan est aussi en sûreté, que s'il fût en un château avec des murs.) La forêt est bien à la fois protectrice et inhospitalière, à l'instar de la nature qu'elle symbolise ; Béroul est réaliste et pessimiste à la fois : il sait qu'il n'y a pas de vie naturelle possible, force est donc de ramener à la cour Yseut et, si possible, Tristan et de faire taire leurs pulsions inconscientes.

b. La lande

Quant à la lande, elle figure la frontière qui sépare la société de la nature ; c'est une zone inquiétante tout autant pour les fugitifs qui risquent d'y être reconnus que pour les poursuivants qui peuvent y être assaillis par le héros ou par Governal. C'est le lieu de la chasse et aussi celui des dénonciations (v. 3027-3147) ; c'est le lieu du combat contre les lépreux et celui du serment ambigu. Les désirs sauvages s'y expriment et entament l'ordre social, qu'il s'agisse de la jalousie et de la convoitise des félons, des colères de Marc, des ruses et du désir de vengeance d'Yseut et de Tristan. Ce lieu est lui aussi ambivalent et regroupe des lieux-dits aux noms significatifs comme le Mal Pas, La Blanche Lande, le Gué Aventureux.

c. L'Irlande

Même s'il s'agit d'une île réelle, l'Irlande de Béroul semble surtout symbolique. **C'est l'île de la magie**. C'est de là que vient le Morholt, géant redoutable qui se bat avec des armes empoisonnées, c'est là que Tristan combat le serpent crêté, autre monstre épouvantable, c'est là qu'Yseut exerce ses talents de guérisseuse et là que la mère d'Yseut fait bouillir sa potion malencontreuse. Qui plus est, cette île semble livrée au pouvoir des femmes, telle une île de sorcières. De là à penser qu'Yseut est un peu fée, qu'elle a jeté un sort à Tristan, lequel est en quelque sorte possédé, il n'y a qu'un pas. Cette atmosphère de magie est tout à fait caractéristique de la matière bretonne. Toutefois la féerie est chez Béroul banalisée ; cette caractéristique est accentuée par le fait que les parties de la narration qui relataient les deux épisodes irlandais ont disparu.

2. Le philtre et la lèpre

Le philtre et la lèpre sont deux symboles de la passion amoureuse.

a. Le philtre

Il semble être pour Béroul un artifice romanesque : il innocente les amants, en retirant tout caractère intentionnel à leur amour et justifie leur repentir inopiné le jour de la Saint-Jean.

Il a ici des effets limités à une durée de trois ans, quatre chez Eilhart, des effets illimités chez Thomas et Gottfried. **Il figure le caractère incontrôlable et involontaire de la passion** et rend les amants insensibles à tout ce qui échappe à leur désir : ainsi Tristan ne sent pas sa blessure quand il rejoint Yseut dans le lit du roi et ils restent l'un et l'autre insensibles aux rigueurs de la vie dans le Morrois aussi longtemps que les effets du breuvage persistent. Une fois le délai achevé, la réalité du monde extérieur reprend ses droits, Tristan regrette de ne pas former aux armes les jeunes gens du royaume de son oncle et Yseut déplore de ne pas contribuer à l'éducation et au mariage des jeunes filles de ce même royaume ; la souffrance et les privations que leur imposait leur amour leur pèsent tout à coup. Mais ils ne cessent pas pour autant de s'aimer, ce qui montre bien que le philtre ne symbolise pas la passion ou l'amour, mais seulement l'indifférence au monde qui caractérise les premiers temps d'une passion, l'isolement qui en résulte, l'exclusion temporaire de tout ce qui n'est pas elle. Tristan et Yseut, obsédés d'eux-mêmes, courent tous les dangers avec la plus grande témérité, qui est celle de la passion à ses débuts. Les conteurs qui optent pour un philtre dont les effets sont définitifs sont idéalistes et rêvent d'une passion à la fois durable et hors du temps, toujours égale dans sa force comme dans sa nature. Béroul est réaliste : il sait qu'une passion évolue. Au bout de trois ans, Tristan et Yseut sont las de cette vie misérable et la passion, si vigoureuse soit-elle, s'émousse avec le temps et prend un autre tour. Tristan et Yseut composent alors avec la société, ils sont plus discrets, mais aussi plus calculateurs ; ils ont perdu l'élan et la spontanéité de la jeunesse. Ils se sont « rangés ». Mais aussi leur amour est désormais plus volontaire et mieux maîtrisé. L'amour est comme la durée du jour, il a une croissance et un déclin : c'est pourquoi il n'est pas indifférent que cette prise de conscience des amants se situe le jour de la Saint-Jean, c'est-à-dire au solstice d'été.

Le symbolisme du philtre contribue ainsi, de façon paradoxale, au réalisme de la représentation du sentiment amoureux ; sa fonction dramatique est aussi appréciable, puisqu'elle permet au narrateur de faire sortir les amants de la forêt ; enfin l'invention du philtre favorise la casuistique* qui anime le texte : elle instaure une morale qui admet que la restriction d'intention atténue la faute.

b. La lèpre

À deux reprises la lèpre s'insère dans le récit de Béroul, quand Yseut est livrée aux lépreux et quand Tristan se déguise en lépreux.

La lèpre fut introduite en Occident par les Romains qui l'amenaient sans doute de l'Inde et de l'Orient ; cette maladie alors incurable y atteignit son paroxysme au XIIe et au XIIIe siècle. Les *malades* — en ancien français ce terme désigne les lépreux — étaient cantonnés dans les *maladreries*, c'est-à-dire dans des sortes de bidonvilles où on leur jetait de quoi survivre. Ils vivaient donc en bandes et à l'écart, contraints d'agiter leur crécelle pour que les gens s'éloignent à leur approche et évitent ainsi la contagion, sollicitant l'aumône, comme le fait Tristan au Mal Pas, dissimulant comme ils pouvaient leurs mutilations. Comme les fous, ils inspiraient à la fois un mélange d'effroi et de respect ; c'est en fou ou en lépreux que Tristan se déguise dans plusieurs épisodes de ses amours clandestines.

Dans le récit de Béroul, la lèpre est associée à la sexualité, si l'on en croit ce que dit Yvain aux vers 1195-1197 : « Sire, en nos a si grant ardor / Soz ciel n'a dame qui un jor / Peüst soufrir nostre convers. » (Sire, il y a en nous un si grand désir qu'il n'y a dame au monde qui pût souffrir un seul jour notre commerce amoureux.) Le désir dévorant des amants trouve son châtiment dans le désir non moins dévorant des lépreux ; faut-il comprendre que le désir sexuel est une lèpre, une maladie, qui exclut les amants de la société et fait d'eux des parias ? Yseut, livrée aux lépreux par son mari, qui assimile ainsi l'adultère à une maladie honteuse et à la prostitution, est délivrée par Tristan qui ne lui offre cependant, dans le Morrois, qu'une vie de bannis, aussi démunie que celle des lépreux. **La lèpre représente ainsi l'exclusion de l'amour spontané et passionné dans l'univers féodal du XIIe siècle.**

Quand Yseut exige de Tristan qu'il se déguise en lépreux pour la porter sur son dos au Mal Pas, c'est bien sûr parce que le déguisement lui paraît propre à dissimuler sa présence, mais on peut y voir aussi le jugement qu'elle porte, une fois qu'elle n'est plus soumise à l'empire de la drogue maternelle, sur un désir qui risque de la priver à tout jamais de sa place dans le monde. **Le désir qu'elle a de Tristan est bien une maladie incurable et effroyable** qui la met en péril. La crudité impérieuse de ce désir transparaît dans la posture sans réserve d'une Yseut qui chevauche son amant, ravalé au rang de lépreux et de bête de somme.

Ce n'est pas un des moindres effets du philtre que de propager cette lèpre.

3. Les lions et le chien

a. Les lions

Après que le roi Marc a procédé à l'échange des épées et des anneaux, quand il a protégé Yseut de son gant de vair, Yseut rêve. Elle rêve qu'elle dort en un riche pavillon, exprimant ainsi le regret qu'elle éprouve de la vie précaire qu'elle mène dans la forêt. Elle est tirée du sommeil par deux lions qui veulent l'un et l'autre la dévorer et la prennent par la main. Le rêve est composite puisqu'on imagine mal un lion prendre sa proie par la main ; il n'en est que plus explicite. **Le lion symbolise la force, la noblesse, la royauté, la justice et la générosité** ; à ce titre il mérite de figurer Marc comme Tristan. Yseut est déchirée par deux forces qui s'opposent : le pouvoir établi de son mari, son autorité reconnue, sa générosité

— il vient à ce moment de l'épargner — et la gloire guerrière de Tristan, sa vitalité. Elle est aussi déchirée entre l'amour qui l'a arrachée à la vie sociale et celui qui l'y ramène, entre un amour conjugal et la passion adultère, entre une morale traditionnelle qui la condamne et une morale plus naturelle qui n'est pas encore reconnue. Ce déchirement est enfin celui du passé et celui de l'avenir, qui n'a d'avènement que par la rupture et l'arrachement au même passé. Ce déchirement a sa noblesse, puisqu'il est exprimé à l'aide du plus noble des animaux.

b. Le chien

Le sens de l'épisode du chien Husdent est moins clair. Il occupe une grande partie du récit du séjour dans la forêt ; or, sa nécessité dramatique est mince : il assure aux amants une meilleure alimentation et c'est lui qu'Yseut demande à Tristan comme gage d'amour.

Chez les Celtes, le chien est associé au monde des guerriers ; dans la légende celtique la *Brigue d'Emere,* le nom du héros Cuchulainn signifie « le chien de Culann », il a pour seul interdit alimentaire de ne pas manger de viande de chien et c'est en le contraignant à en manger que les sorcières le tuent. Tous les guerriers celtes avaient, semble-t-il, des chiens dressés au combat et à la chasse. Comparer un héros à un chien, c'était faire honneur à sa valeur. Quand Yseut demande Husdent en présent, cela peut signifier que Tristan met au service de celle-ci sa puissance guerrière. Par ailleurs, il est important que ce soit Yseut qui supplie Tristan de pas le tuer, car elle préserve ainsi sa chevalerie et lui demande en quelque sorte de ne pas renoncer à la prouesse. Peut-être cela annonce-t-il déjà le repentir qui suivra. Quoi qu'il en soit, ce chien apparaît comme un double de Tristan.

Il ne faut pas oublier non plus que les femmes, sur les gisants, plus tardifs il est vrai, qui ornent les tombeaux du Moyen Âge, sont représentées avec un chien à leurs pieds ; **ce chien symbolise la**

fidélité. Husdent pourrait ainsi être un gage de fidélité demandé par Yseut.

Enfin Husdent constitue en quelque sorte un lien avec leur vie passée. Tristan est prêt à rompre ce lien, mais non pas Yseut, qui semble-t-il, plus encore que Tristan, est attachée aux avantages de sa position dans le monde. Il ne s'agit pas uniquement de vanité de sa part, car ce souci préserve la vie, celle d'Husdent, même s'il passe par la voie d'une certaine dénaturation, le dressage. C'est rappeler que la vie n'est possible qu'en société et que l'isolement du Morrois est une sorte de mort.

4. Les objets

Parmi les objets dont l'emploi est manifestement symbolique, l'épée, l'anneau de jaspe vert et le gant sont les plus significatifs.

a. L'épée

Elle est avant tout **le symbole de la vertu militaire et de la bravoure** ; c'est à ce titre qu'elle est remise au jeune chevalier que l'on vient d'adouber. En remplaçant l'épée de Tristan par la sienne, le roi Marc renouvelle en quelque sorte l'adoubement de son neveu, lui rappelle sa situation de vassal* et le réintroduit à la cour.

Ce faisant, il brouille aussi l'identité de Tristan qui est reconnu par la brèche faite à son épée lors du combat contre le Morholt. Marc, en possession de l'épée de Tristan devient, semble-t-il, le vainqueur du monstre, il s'empare du prestige guerrier de son neveu, devient détenteur de la force ; il reconquiert ainsi Yseut, qui se repent peu de temps après et accepte de retourner auprès de son mari.

L'épée est aussi synonyme de séparation et de destruction ; placée entre les deux amants, elle les sépare et semble garantir leur chasteté ; nous savons pourtant, au vers 1794, que seules la chaleur et la fatigue les ont empêché de s'étreindre : « Li chauz fu granz, qui mot les grive. » (La chaleur était forte et les éprouve beaucoup.) Marc choisit pourtant de lire leur innocence dans ce signe.

L'épée peut aussi avoir une signification sexuelle ; en s'attribuant l'épée de Tristan et en lui laissant la sienne, Marc semble s'approprier la puissance sexuelle de son neveu.

Quoi qu'il en soit, le conte ne dit pas si Tristan, après cet épisode recouvre son épée ou continue de se battre avec celle de Marc ; c'est avec son arc et ses flèches, armes beaucoup plus archaïques*, qu'il tue Denoalan et Godoïne.

b. Les anneaux

Ils sont au nombre de trois : l'anneau de jaspe vert qu'Yseut donne à Tristan et qui lui servira de signe de reconnaissance s'il a un message à lui faire parvenir, l'anneau de Marc, qu'Yseut lui avait donné et celui qu'Yseut a reçu de Marc au moment de son mariage. **Ces anneaux symbolisent l'alliance**, alliance d'Yseut et de Tristan qui sont sur le point de se quitter et échangent leurs *druerie*, c'est-à-dire des gages d'amour, alliance matrimoniale de Marc et d'Yseut dans le cas des deux autres anneaux.

En procédant à l'échange des anneaux, Marc peut aussi bien vouloir signifier qu'il rend à Yseut sa liberté, en annulant son engagement matrimonial, comme il peut vouloir la rappeler à ses engagements précédents. C'est ce deuxième sens qui prévaudra, puisque, peu de temps après, elle se repentira et décidera de retourner auprès du roi.

c. Les gants

Marc délie ses gants fourrés de petit-gris, autrement dit ses gants de vair, et les dispose de manière à protéger Yseut d'un rayon de soleil qui tombe sur son visage. Ce geste exprime sa tendresse pour sa femme, qu'il voit amaigrie et démunie ; il la protège contre l'agression de la nature et lui rend, à sa manière, les riches tentures et courtines qu'elle regrettera au moment de son repentir. Ce faisant, il la met aussi sous sa protection.

Mais ôter ses gants devant autrui est aussi un geste d'allégeance : Marc se soumettrait ainsi à Yseut, en parfait amant courtois.

Ces trois objets, gants, anneaux et épée peuvent aussi bien faire référence au lien vassalique du monde féodal, et c'est remettre les amants sous l'autorité symbolique du roi, qu'exprimer la compassion du roi et un sursaut de tendresse pour Yseut. Cette clémence peut ainsi viser une simple alliance politique qui lui permettrait de consolider son pouvoir ébranlé ou bien une réconciliation affective et la résurgence de son affection pour son neveu et de son amour pour sa femme.

5. Le nain et l'ermite, le blanc et le noir

Le nain est l'instrument du mal. Sa difformité révèle les dangers de son savoir qui use de sorcellerie : il sait lire en regardant la lune et les constellations ce qui se passe dans la chambre. Il utilise ce savoir démoniaque à mauvais escient, pour ourdir maintes ruses contre ceux qui sont beaux et courageux. **Sa laideur physique est à l'image de sa laideur morale** et sa présence est un des poncifs de la littérature médiévale.

L'ermite, qui est lui aussi une des figures stéréotypée du récit médiéval, **est au contraire l'instrument du bien**. Retiré dans la forêt et vivant à l'écart, il exprime le point de vue d'un Dieu bienveillant, qui, en tout cas, est seul juge. Il est homme de Dieu alors que le nain est une créature du diable.

L'un et l'autre illustrent la lutte du bien et du mal ; ce combat se livre, dans le récit de Béroul, entre les différents personnages, mais aussi à l'intérieur de chacun des personnages. Les bons, soit Tristan, Yseut, Gorvenal, Brangien, l'ermite, Orri, Périnis… se battent contre les méchants que sont les félons, le nain, le forestier qui les dénoncent, l'espion de la dernière scène et même quelquefois Marc. Mais on peut aussi dire que le bien et le mal se disputent le cœur de Marc, d'Yseut et de Tristan.

Ce duel entre le bien et le mal est aussi parfois symbolisé par l'opposition du blanc et du noir : le roi prend soin de faire édifier un bûcher constitué d'épines noires et blanches ; Tristan est vêtu de serge noire et Governal couvert d'une guimpe blanche dans le tournoi qu'ils livrent au Mal Pas ; Yseut rend son serment sur la Blanche Lande.

Il faudrait pour être plus complet faire un sort à l'abondance du rouge dans l'épisode de la fleur de farine : le sang y tranche sur la blancheur de la farine. Cela annonce peut-être la contemplation de Perceval dans le roman de Chrétien de Troyes : il est fasciné par les traces de sang qu'une oie blessée a laissées sur la neige et cela lui rappelle le teint de Blanchefleur, qu'il aime. **Le rouge et le blanc pourraient ainsi symboliser la passion et la femme aimée**, mais aussi la violence que cette passion fait naître. Ce thème inspirera à Giono son roman, *Un roi sans divertissement.*

C'est le recours à tous ces symboles qui donne au récit de Béroul sa polysémie* et son ambiguïté. Cela contribue à faire de ce *Tristan* un mythe* plus qu'un roman : la caractéristique du mythe* est bien en effet de représenter au moyen d'êtres surhumains et d'actions imaginaires certaines structures sous-jacentes de la vie individuelle, familiale ou sociale. Ce qui est ici révélé, c'est l'ambivalence de toute chose et de tout être, en qui se combattent des forces antinomiques* : amour et prouesse, agressivité et tendresse, bien et mal.

VII. UN CONTEUR NOMMÉ BÉROUL

Cette partie se propose d'examiner les particularités de la narration dans le *Tristan* de Béroul. Conformément aux habitudes du roman médiéval et à ses caractéristiques orales, le conteur se désigne et revendique à la fois l'autonomie de sa version de l'histoire et sa fidélité à une source plus ancienne qu'il ne fait que corriger. Le conteur intervient donc dans la narration, il la dirige en faisant un certain nombre de choix, **il lui donne une signification personnelle, le *sen*.**

1. Les « intrusions » du conteur

C'est évidemment un anachronisme que de désigner l'intervention du conteur dans le récit médiéval par une expression qui désigne particulièrement une caractéristique de la narration stendhalienne. Pourtant il s'agit bien d'intrusions, qui rompent le fil de l'histoire, détruisent l'illusion réaliste et gênent l'identification de l'auditeur au personnage. L'effet produit est celui d'une distance à la fois amusée et didactique*. Mais cela peut aussi apparaître comme un archaïsme assez naïf.

On l'a vu, le conteur se nomme deux fois, aux vers 1268 et 1790, la première fois pour réhabiliter Tristan, accusé dans certaines versions d'avoir noyé le lépreux Yvain, et la seconde fois pour attester la force de la passion des deux amants et l'existence d'une source écrite qu'il a consultée. Pour ces deux occasions, il se désigne à la troisième personne du singulier et non, comme nous en avons l'habitude dans le récit moderne, à la première personne. Ce peut être un archaïsme insolite ou bien le désir d'officialiser une version toute personnelle de la légende. On ne peut pas exclure non plus qu'il s'agisse d'une sorte de personne de majesté, destinée à lui donner plus d'autorité. Quelquefois, il se désigne à la première personne, dans des expressions du type : *ce m'est avis* ou *ce m'est vis* ; ces expressions semblent avoir une fonction de remplissage et n'introduisent pas toujours un avis personnel.

Ce conteur interpelle les auditeurs ou lecteurs, qu'il nomme *seignors,* se soumettant ainsi à eux, comme un vassal* est soumis à son suzerain*. Ce même substantif désigne dans le récit de Béroul aussi bien le suzerain*, quand il est adressé par les barons ou Tristan à Marc, qu'au mari, quand Yseut l'emploie, ou même à Ogrin, quand Tristan lui demande conseil. **Le conteur se place donc sous l'autorité du lecteur et feint de lui être soumis, mais en réalité il le dirige patiemment en lui rappelant les faits et en les commentant, en l'invitant à les interpréter dans la bonne direction.** Il est le maître du *sen* ou *senefiance**. Ainsi dit-il au vers 582 : « Ainz ne veïstes plus felons » (vous n'en vîtes jamais de plus félons) ; il oriente le jugement que nous portons d'emblée sur les trois barons. Parfois il interpelle simplement son auditoire pour le rappeler à l'ordre, comme au vers 2765 : « Seignors, au jor du parlement / Fu li rois Marc o mot grant gent. » (Seigneurs, le jour de la rencontre, le roi Marc fut là avec beaucoup de monde.)

Enfin le conteur se présente au vers 1268 comme le meilleur : « Berox l'a mex en sen memoire. » (Béroul l'a mieux en mémoire.) Sa mémoire porte dans ce cas non seulement sur les faits, mais aussi sur la qualité du personnage ; Tristan ne doit pas être considéré comme un *vilain,* mais comme un héros courtois.

2. La régie du conteur ou *conjointure**

Ce conteur très présent ne se fie pas seulement à sa mémoire, ni à la lettre de ce qu'il lit, pour agencer les éléments de son récit ; cet agencement peut, à première vue, paraître désinvolte, mais la narration et sa forte orientation assurent une bonne cohérence à l'ensemble.

Les liens dramatiques qui unissent les six séquences narratives de ce récit sont parfois lâches et mal préparés. Entre le premier et le deuxième, un lamento* convenu, disons un lieu commun : l'amour ne peut se dissimuler. Entre la délivrance d'Yseut et l'épisode de la vie dans le Morrois, la continuité dramatique suffit : les deux amants réunis fuient et se réfugient dans la forêt. Pour que les amants sortent de la forêt, Béroul rappelle tout à coup, aux vers 2136-2138, l'existence d'un philtre, dont il n'avait été fait aucune mention depuis le début du fragment : « Mais ne savez, ce m'est avis, / A conbien fu determinez / Li lovendrins, li vin herbez. » (Mais vous ne savez pas, il me semble, à combien de temps avait été limitée la durée du philtre d'amour, du vin herbé.) Pour relancer l'action après la restitution d'Yseut, le narrateur invente une nouvelle dénonciation des félons qui a lieu un mois après ce retour. Enfin, après le serment de la Blanche Lande, le conteur fait surgir un espion en quête de gain, qui va se substituer au nain Frocin. **La continuité dramatique est donc assurée, même si c'est parfois avec une certaine désinvolture.**

Le silence observé sur les motivations psychologiques des personnages peut apparaître comme un défaut d'organisation de la narration. Pourquoi les amants, qui semblaient avoir renoncé aux liens charnels, y retournent-ils ? Pourquoi Yseut décide-t-elle de se disculper publiquement, alors que le roi ne l'exige pas d'elle ? Pourquoi Brangien invente-t-elle un différend entre elle et Tristan ? Pourquoi les félons haïssent-ils Tristan ? Toutes ces questions restent sans réponse.

Mais **la signification du récit est très orientée**. Il faut détester les félons, qui pourtant disent la vérité ; chacune de leurs apparitions sont accompagnées des malédictions du conteur. Il faut aimer Tristan et Yseut, qui ne cessent de mentir et de tromper leur entourage ; il faut estimer Ogrin, qui conseille de mentir un peu ; il faut parfois plaindre Marc et parfois le condamner. Le conteur impose son jugement par la caractérisation insistante et répétitive des personnages, tout comme par ses commentaires ; les barons sont toujours « félons », le nain est « traître », quand Yseut est « gente et belle » ou Tristan « preux et courtois », Marc tantôt « cruel et coléreux », tantôt « noble et courtois ». **Aucune liberté n'est laissée au lecteur en matière de jugement et le conteur lui impose sa propre vision des faits.**

3. Béroul selon son *Tristan*

La narration est si affirmée qu'il devient dès lors possible de dresser en quelque sorte un **portrait-robot du conteur**, portrait moral bien entendu.

Béroul apparaît comme un **défenseur de la nature contre une civilisation**, c'est-à-dire une culture, contraignante. Au cœur de la forêt, les amants peuvent donner libre cours aux pulsions naturelles qui les poussent l'un vers l'autre. Naturelle aussi la satisfaction, voire la jubilation de ceux qui viennent d'échapper à une menace terrible ; d'où ce cri, assez vulgaire, mais spontané d'Yseut au vers 369 : « Partie me sui du tripot. » (J'ai échappé au piège.), ou bien encore les trophées macabres que transportent Gorvenal ou Tristan, têtes ou tresses coupées. Le plaisir de la vengeance est naturel, au même titre que l'attendrissement qui provoque le revirement de Marc quand il surprend les amants endormis. Ces mouvements sont présentés de telle manière qu'on nous invite à les tolérer, voire les apprécier.

Mais Béroul sait aussi qu'il n'y a nul moyen de vivre hors de la société, car la nature est hostile à l'homme. Les amants souffrent dans la forêt et seul le philtre, qui les anesthésie, les empêche de le sentir. La prouesse a fait place à l'ingéniosité et à la débrouillardise, **nous sommes passés d'un univers épique* au registre commun**, de l'opulence à l'indigence, de l'ordre au désordre. La civilisation est contraignante, elle limite la liberté de l'individu, mais elle lui donne le confort, une mission, un sens. C'est ce qui donne au texte de Béroul son articulation centrale. Dans les trois premières séquences narratives, Tristan et Yseut retournent à l'état de nature, parce qu'ils refusent la contrainte sociale qui les empêche de s'aimer. Dans les trois dernières, Tristan et Yseut regagnent la vie sociale et tentent de trouver un compromis entre la satisfaction de leurs désirs naturels et les devoirs que leur impose leur rang. Au lieu de supputer l'existence de deux conteurs différents, **on peut songer aux deux volets d'un diptyque et à une position antinomique* : nature et culture sont incompatibles, au même titre que l'amour et la féodalité***. La compromission de la deuxième partie est décevante et laisse un goût amer. Béroul est à la fois enthousiaste et pessimiste. Ce n'est pas le moindre des paradoxes de ce conte.

Il faut, semble-t-il, se construire une morale individuelle pour sortir de ce dilemme*. Yseut s'affranchit des règles ordinaires et devient maîtresse de son sort grâce à son habileté verbale et son sang-froid peu commun. Tristan triomphe de ses adversaires parce qu'il a décidé de servir sa maîtresse, plutôt que son seigneur*, parce qu'il a mis sa vaillance au service de sa dame : il assure ainsi le triomphe de l'amour. Les rôles sont inversés : l'homme aime et la femme gouverne, ce qui est conforme à l'univers courtois. Si donc les mœurs des personnages bérouliens sont barbares, il est vrai que le *sen* de son récit ne l'est peut-être pas et que l'influence du courant courtois s'y annonce déjà. Il s'agit peut-être, chez Béroul, du moment précis où une légende populaire, une sorte de fabliau, d'une moralité somme toute assez peu recommandable, commence timidement à se métamorphoser en récit courtois.

Ainsi, la narration très affirmée, très humaine et peu intellectuelle donne au récit une configuration et une orientation intéressantes : elle exprime à la fois la **nostalgie d'un état de nature** dans lequel l'homme est libre, mais vit dans des conditions précaires et menaçantes, et la **tentation d'un monde civilisé**, qui entrave l'expression naturelle de certains besoins, mais fournit confort et sécurité. L'amour en subit les contrecoups : de la jubilation première, qui s'exprime au début, nous sommes peu à peu amenés à la compromission finale qui ne laisse guère de place à la passion dans un monde civilisé.

VIII. CONCLUSION

C'est, dans tous les sens du terme, un *Tristan* bien singulier que celui de Béroul. Un manuscrit unique en conserve la trace ; c'est la seule œuvre connue de ce jongleur* ; sa tonalité diffère de celle de toutes les autres versions connues de ce mythe*.

Le Tristan de Béroul ne meurt pas ; le récit se clôt sur le meurtre violent et sauvage de Denoalan et de Godoïne ; la grâce divine n'a jamais fait défaut aux amants en danger et la disparition des traîtres devrait, semble-t-il, leur assurer une sécurité définitive. Dans la plupart des autres versions, leur mort tragique atténue ce que leur conduite peut avoir d'amoral ; leur survie, chez Béroul, et leur succès final laissent le lecteur indécis quant au jugement qu'il faut porter sur eux. Ce malaise est probablement ce qui a pu justifier la désaffection et l'oubli dans lesquels est tombé le *Tristan* de Béroul, car, même si les amants finissaient par y trouver la mort, la jubilation qu'ils éprouvent à tromper et à tuer, le plaisir qu'ils ont à se venger n'ont vraiment rien de moral ni de chrétien.

Les conteurs suivants se sont efforcés de donner aux amours des deux héros un tour plus présentable : une passion moins crue et plus tendre, un philtre aux effets plus durables qui les excusait davantage, des conduites moins violentes, une chevalerie moins défaillante. La pulsion inconsciente du désir, qui s'exprime chez Béroul et qui annule toutes les règles qui vont à son encontre, deviendra chez les autres conteurs médiévaux un sentiment, plus policé et courtois, plus chaste, qui laissera place aux règles et valeurs sociales. Le *Tristan en prose* du XIIIe siècle rétablira définitivement la valeur chevaleresque de Tristan. Dans son roman *Cligès*, Chrétien de Troyes ira jusqu'à remodeler le mythe* de Tristan, en le soustrayant à la dépravation, sans pourtant le priver de la jouissance charnelle. Si rocambolesque que soit la fausse mort de Fénice, elle lui permet cependant de n'appartenir qu'à celui qu'elle aime, d'éviter le partage honteux d'Yseut. Aussi dit-elle : « Qui a le cuer, si et le cors. » (Que celui qui a le cœur ait aussi le corps.) ; cette proposition n'est déjà plus à proprement parler courtoise, puisque l'amour courtois doit ne pas se résoudre au commerce de la chair et sépare résolument le corps et le cœur.

La question que pose le *Tristan* de Béroul est bien celle-ci : **faut-il suivre les élans de son cœur ou ceux de sa raison ?** Ne peuvent-ils coïncider ? Chrétien de Troyes se rend bien compte qu'il faut des subterfuges bien invraisemblables pour faire coïncider l'un et l'autre : il fait un conte. Béroul est plus pessimiste et tente de trouver des circonstances atténuantes à ceux qui ne peuvent, dans la société, faire coïncider leurs désirs amoureux et leurs devoirs sociaux : il écrit un roman, dans la mesure où le roman est toujours le récit d'un conflit. Ce conflit se livre au cœur même de ces deux principaux personnages, déchirés entre leur désir d'insertion sociale, qui les pousse à tenir leur rang, et leur désir personnel, qui les pousse à s'unir charnellement au prix de lourdes transgressions.

C'est rappeler combien l'être humain souffre d'être à la fois naturel et social, déchirement qu'expriment aussi bien le mythe* et le roman. Le mythe* le représente de façon intemporelle et irréelle, le roman insère la figuration de ce déchirement dans un contexte historique, social et économique précis. Béroul est peut-être celui qui, **le premier, donna de ce récit mythique une version romanesque**. Certes celle-ci est, à bien des égards, fruste et quelque peu dérangeante, mais elle est aussi beaucoup plus proche de l'auditeur du XIIe siècle et beaucoup plus propre à l'inquiéter. Elle est sans doute aussi propre à informer le lecteur du XXe siècle du caractère très ancien de ces préoccupations, ce que les versions courtoises et romantiques avaient masqué par leur sentimentalité.

Il faut donc se souvenir que le mythe* de Tristan ne saurait se réduire à un mythe* amoureux : c'est un mythe* plus fondamental. Il concerne les questions que pose la succession, non pas seulement la succession au pouvoir, mais aussi le rapport du passé et de l'avenir, la question de l'autorité de l'homme sur la femme, celle de la primauté du vrai sur le faux, comme celle du lien qui unit la parole et la matière. Cette profondeur que conserve le récit de Béroul et que dissimulent peu à peu les versions suivantes fait toute sa singularité.

L'ŒUVRE À L'EXAMEN

I. PROPOSITIONS DE SUJETS D'EXAMEN

1. Questions générales

• Le roman de Béroul peut-il être considéré comme un roman réaliste ?

• Les lieux et les objets ont-ils une fonction symbolique dans le récit de Béroul ?

• Le récit de Béroul est-il un conte ou un roman ?

• Quelle image Marc donne-t-il du pouvoir royal dans le *Tristan* de Béroul ?

• Tristan est-il amant ou chevalier dans le récit de Béroul ?

• Yseut est-elle reine ou intrigante dans le récit de Béroul ?

• Quelle place le récit de Béroul fait-il à la femme ?

• Quelle place le récit de Béroul laisse-t-il à la religion ?

• Quelle part la magie prend-elle dans le récit de Béroul ?

• Quel est le statut de la ruse dans le *Tristan* de Béroul ?

• Quelle place la parole tient-elle dans le récit de Béroul ?

• Peut-on faire du *Tristan* de Béroul un simple roman d'aventure ?

• Quel effet la violence récurrente produit-elle dans le récit de Béroul ?

• Quelles sont les caractéristiques de la passion chez Béroul ?

• Béroul vous semble-t-il défendre l'idée que celui qui aime vit par-delà le bien et le mal ?

• La signification du récit de Béroul est-elle morale ?

• Peut-on parler de manichéisme dans le récit de Béroul ?

2. Questions spécifiques

- Quelle est l'importance du philtre dans le récit de Béroul ?
- Quel est le rôle de la forêt dans le récit de Béroul ?
- Quel est l'intérêt dramatique de l'épisode du Morrois ?
- Quelle signification la clémence de Marc revêt-elle dans le *Tristan* de Béroul ?
- Quels sont les effets du serment prononcé par Yseut ?
- Ogrin est-il un homme de Dieu dans le récit de Béroul ?
- Pourquoi espionne-t-on avec tant d'assiduité Tristan et Yseut dans le récit de Béroul ?
- Quel rôle jouent Brangien et Governal dans le récit de Béroul ?
- Quelle place le narrateur tient-il dans le récit ?
- Quels sont les signes qui trahissent le caractère oral du récit de Béroul ?
- Quel effet l'absence d'analyse psychologique produit-elle dans le récit de Béroul ?
- Quelle est la part de la farce dans le *Tristan* de Béroul ?
- Le *Tristan* de Béroul peut-il être considéré comme tragique ?
- Le *Tristan* de Béroul est-il un récit courtois ?
- Pourquoi les successeurs de Béroul ont-ils jugé nécessaire de policer son récit ?

II. SUJET TRAITÉ

Sujet : Quelle place la parole tient-elle dans le récit de Béroul ?

Le *Tristan* de Béroul a une destination orale et tout y est parole. On peut cependant distinguer dans cet univers verbal deux sortes distinctes de paroles : la parole rapportée des différents personnages et la parole mise en scène du conteur. L'examen de ces deux aspects de la parole dans le récit de Béroul devrait permettre de s'interroger sur le rapport de la parole avec la réalité qu'elle évoque.

1. LA PAROLE DES PERSONNAGES

Les personnages parlent beaucoup dans l'œuvre de Béroul ; leurs propos rapportés au style direct, qu'il s'agisse de monologues ou de dialogues, occupent plus de la moitié du texte. La fonction dramatique de ces discours est grande : ainsi le serment d'Yseut rétablit la paix dans le royaume de Marc aussi efficacement que l'aurait fait un duel judiciaire.

Le début du fragment est intégralement dialogué et l'on voit se succéder le dialogue à double sens qui oppose Tristan et Yseut, le monologue de Marc qui confirme que le double sens du discours a bien fonctionné, le dialogue, toujours au style direct, de Brangien et d'Yseut, qui confirme au lecteur qu'il y avait bien double sens, le dialogue, résumé au style indirect, de Governal et de Tristan, enfin le dialogue de Marc et d'Yseut qui reprend une dernière version de la scène du rendez-vous épié. Cette succession de discours permet de multiplier les points de vue et de souligner l'ambiguïté de la parole comme celle de la réalité : on est peu à peu conduit à penser que la vérité est au confluent du fait et de la manière de le dire, voire que la vérité est dans la seule formulation du fait brut.

Certains personnages parlent avec sincérité : Dinas plaide en faveur de l'indulgence avec ferveur. Sait-il la reine effectivement coupable ? Rien ne l'indique, mais il la sait populaire et aimée, et il reste convaincu qu'il faut l'épargner pour préserver la paix publique. Il se laisse guider par l'amitié qu'il éprouve pour Tristan et par un souci de fraternité chrétienne qui semble tout juste commencer à se répandre dans le monde occidental. Les amants, dans la forêt, semblent aussi s'exprimer avec franchise : Tristan confesse sa peur, quand il propose de tuer Husdent ; Yseut proclame son désir de vivre en proposant le dressage, c'est-à-dire la dénaturation du chien. La femme devance l'homme dans la perception de la situation : pas de vie sans compromission, les avantages que procure la civilisation valent bien les inconvénients qu'il y a à quitter une vie naturelle qui n'est supportable qu'avec le secours de potions diverses. Le repentir des deux amants n'a pas d'autre expression. Le peuple se fait aussi l'écho d'une parole raisonnable : il faut défendre Tristan qui seul a eu le courage de s'opposer à la force surhumaine du Morholt.

Ces paroles sincères, force est de le reconnaître, n'ont pas grand succès. Dinas s'en va, morne, à deux reprises. Il n'a pas convaincu Marc d'épargner Yseut, pas plus qu'il ne le convainc de garder Tristan à ses côtés. Le peuple n'ose pas s'exprimer, ni exiger.

Le triomphe est pour ceux qui mentent. Yseut travestit avec une grande habileté la réalité dans ses propos et finit par imposer, à Marc puis à tous, son innocence, bien que nous la sachions coupable. La parole supplante peu à peu la réalité, lui donne une autre forme. Tristan, qui ne se fie d'abord qu'à sa force et réclame un duel judiciaire, finit par recourir lui aussi au travestissement verbal. Ce travestissement met à jour des divergences de points de vue qui remettent en cause le régime politique, l'ordre social, les règles morales et religieuses, à une époque où elles sont confondues. Cette divergence ouvre la voie à la relativité des règles comme à celle du savoir. Tout se passe comme si, dans le *Tristan* de Béroul, le savoir lui-même était remis en cause, savoir qui passe nécessairement par la formulation verbale, sa distance et ses incertitudes.

2. LA PAROLE DU CONTEUR

La parole du conteur contribue à ce brouillage de la conception du savoir.

Le conteur impose sa vision des faits ; or celle-ci ne va pas de soi. Pourquoi assurer, par exemple, que les délateurs de Tristan et d'Yseut, les trois barons, sont des félons ? Ils ne disent après tout que la vérité : il est vrai que Tristan et Yseut commettent l'adultère, fortement condamné par la religion qui est alors la source de toute morale. La crudité de leur conduite aggrave la situation, et si le philtre les innocente un moment, ils ne peuvent plus invoquer cette excuse dans la deuxième partie du récit. Le parti du conteur reste ainsi mystérieux, subversif, et contribue à nous dicter une interprétation des faits peu canonique*. C'est aussi une invitation à considérer que la réalité est multiple et qu'un véritable savoir ne peut être que divers et fragmentaire.

Dès lors la faute du nain, que le conteur maudit toujours avec une grande virulence, est de croire à une vérité unique, à une seule interprétation des faits. La force des menteurs que sont Tristan, Yseut, Brangien, ou même Ogrin, c'est de savoir que, sous des angles divers, un même fait peut avoir plusieurs significations. L'arrivée d'Husdent aux côtés des fugitifs peut être une menace, comme elle peut être un bienfait ; l'épée qui sépare les amants peut être le signe de la peur qu'ils éprouvent à tout instant d'être surpris, comme elle peut exprimer leur séparation de corps ; le conteur nous dit l'un et Marc comprend l'autre. La parole du conteur nous invite à mesurer la polysémie* de tout signe et particulièrement la polysémie* de tout discours.

Un discours met en effet en jeu ce qu'un individu perçoit d'une situation donnée ; ce discours ébranle ce qu'un autre perçoit de cette même réalité. Là où le conteur voit un effet de la chaleur et de la fatigue, Marc lit un signe de chasteté. Dans le serment ambigu que prononce la reine, Tristan peut avoir porté la reine sur son dos, il peut aussi avoir eu commerce avec elle : chacun comprend ce qu'il peut. La parole du conteur contribue ainsi à révéler l'ambiguïté de toute parole.

3. LE MOT ET LA CHOSE

Force est donc de conclure que le savoir est incertain : le mot tente de rejoindre la réalité sans parvenir à la transcrire. Les personnages s'y perdent et les revirements de Marc en sont témoins. Il a cru lire des signes évidents en remarquant les traces de sang sur la farine ; pourtant il croit fermement à l'innocence des amants dans la loge de feuillage. Quand Marc fait preuve de clémence, il accède à une nouvelle forme de savoir qui est faite de relativité et, par suite, d'indulgence. Faute de pouvoir savoir exactement de quoi il retourne, mieux vaut encore pardonner : c'est l'avènement du pardon, Marc devient chrétien. Car le christianisme laisse à Dieu le savoir. Or, chez Béroul, Dieu seul est juge et il secourt inlassablement les amants ; si même Ogrin invite à mentir un peu, ce n'est pas par rouerie, mais parce que Dieu seul est juge et que le jugement des hommes importe peu.

L'homme est donc privé du savoir. Qui veut savoir est démoniaque, comme le nain Frocin. Il n'est pas bon d'être trop curieux et les félons pèchent en cela. Il n'est pas bon non plus de s'ériger en juge et Marc, comme les félons, ont tort de le faire.

Dès lors, on comprend mieux que la parole véridique mais accusatrice des félons puisse être coupable, que la parole fausse mais défensive des amants puisse trouver grâce auprès de Dieu et des hommes indulgents. La parole n'est qu'un instrument qui sert à exprimer un monde complexe et la complexité de ce monde incite à un emploi complexe de cet instrument. Cette complexité inspire à Béroul jubilation et effroi : jubilation de celui qui peut à son gré et gratuitement travestir la réalité, comme on le voit au Mal Pas quand Tristan parle à Marc, ou sur la Blanche Lande quand Yseut prononce son serment ; effroi devant la force de persuasion contingente de certains propos, comme ceux d'Yvain qui persuade Marc de lui livrer Yseut, ou devant l'inefficacité des propos raisonnables de Dinas.

Chez Béroul, la parole est donc bien, comme dans la fable d'Ésope, la meilleure et la pire des choses : elle permet de prier, d'exprimer et d'expliquer le monde, de converser avec ses semblables, mais elle peut aussi maudire, déguiser le monde et tromper.

GLOSSAIRE

acception : sens dans lequel un mot est employé.

allégorie : personnification d'une idée abstraite.

antinomie : contradiction entre deux idées, deux principes.

archaïque : qui date d'une époque ancienne et dont l'usage est révolu.

archétype : en philologie : manuscrit d'où dérivent d'autres textes.

assertif : qui annonce comme vraie une proposition.

canonique : conforme aux normes et aux règles.

casuistique : partie de la morale portant sur les cas de conscience ; d'une subtilité souvent excessive.

cathartique : qui purifie les passions.

clerc : membre lettré du clergé.

conjointure : organisation du récit en vue d'une signification.

courtoisie : en littérature : qualifie un genre médiéval qui exalte l'amour mystique et chevaleresque.

didactique : qui vise à instruire et à enseigner.

dilemme : situation qui donne à choisir entre deux partis dont l'un exclut l'autre.

épique : qui accomplit ou relate des actions héroïques.

exégète : spécialiste de l'interprétation des textes.

féodalité : organisation politique et sociale médiévale, dans laquelle des fiefs étaient concédés par les seigneurs à des vassaux contre certaines obligations.

fief : domaine possédé par un vassal qui reconnaît la suzeraineté du seigneur qui le lui a concédé.

geste : ensemble des exploits d'un héros.

insurrectionnel : qui se dresse en masse contre le pouvoir établi.

interpoler : insérer dans un ouvrage des fragments qui n'en font pas partie.

jongleur : diseur de poèmes, instrumentiste et chanteur qui va de château en château au Moyen Âge.

jubilatoire : qui provoque une joie intense et extériorisée.

lamento : terme musical ; désigne une complainte.

lyrique : qui s'inspire de la poésie lyrique antique et s'accompagne à la lyre.

mythe : récit légendaire transmis par la tradition qui, à travers les exploits de héros, tente d'expliquer des phénomènes naturels et humains.

népotisme : forme de favoritisme qui tend à réserver des avantages ou une succession à des proches.

polysémie : propriété d'un mot ou d'un texte qui présentent plusieurs sens.

profane : qui n'a pas de caractère religieux ou sacré.

redondance : redite ou répétition d'un même mot ou d'une même idée.

seigneur : possesseur d'un fief.

sénéchal : officier féodal, parfois chef de la justice, parfois le plus âgé des officiers du palais.

senefiance : signification et portée d'un récit.

serf : personne attachée à une terre et vivant dans la dépendance d'un seigneur.

suzerain : seigneur dont dépendent des vassaux.

troubadour : poète courtois du sud de la Loire.

trouvère : jongleur ou poète du nord de la Loire.

vassal : personne qui fait hommage à un seigneur dont elle a reçu un fief.

vavasseur : vassal de vassal.

vernaculaire : se dit d'une langue courante propre à un pays ou à une région.

versatile : qui change facilement d'opinion, inconstant.

vulgate : état le plus répandu d'un texte.

BIBLIOGRAPHIE

• Texte de référence

Le Roman de Tristan de Béroul, traduit et annoté par Catherine Durvye, Ellipses, « Retour au texte », 2000.

• En ancien français

Le Roman de Tristan de Béroul, édité par Ernest Muret, Champion, « Les classiques français du Moyen Âge », 1974.

• Les *Tristan*

Les *Tristan* en vers (Béroul, Thomas, les *Folies Tristan* de Berne et d'Oxford, le *Lai du chèvrefeuille* de Marie de France), textes et traductions de Daniel Lacroix et Philippe Walter, et la *Saga Norroise* en traduction, Livre de poche, « Lettres gothiques », 1989.

Les *Tristan* en vers (Béroul, Thomas, les *Folies Tristan* de Berne et d'Oxford, le *Lai de chèvrefeuille* de Marie de France), textes et traductions de Jean Charles Payen, Garnier, « Classiques Garnier », 1974.

Tristan et Iseut d'Eilhart von Oberg, traduit par Danielle Buschinger et Wolfgang Spievork, Babel, 1997.

Les Poèmes de Tristan et d'Yseut (extraits), traduction annotée de Gabriel Bianciotto, Larousse, « Nouveaux classiques », 1968.

• Les adaptations

Le Roman de Tristan et Iseut par Joseph Bédier, préface de Gaston Paris, 10/18, « Bibliothèque médiévale », 1981.

La Merveilleuse Histoire de Tristan et Iseut restituée par André Mary, Gallimard, « Folio », 1941.

• Les ouvrages généraux

La Civilisation de l'Occident médiéval de Jacques Le Goff, Arthaud, « Les grandes civilisations », 1977.

Littérature française du Moyen Âge de Michel Zink, PUF, « Premier cycle », 1992.

Introduction à la littérature française du Moyen Âge de Michel Zink, Livre de poche, « Inédit », 1993.

Moyen Âge (1050-1486) d'Emmanuèle Baumgartner, Bordas, « Histoire de la littérature française », 1988.

Le Moyen Âge de Jean Charles Payen, GF-Flammarion, 1997.

Le Legs du Moyen Âge d'Albert Pauphilet, Études de littérature médiévale, « Bibliothèque elzévirienne », 1950.

Dictionnaire des symboles de Jacques Chevalier et Alain Gheerbrant, Robert Laffont, « Bouquins », 1969.

• Les ouvrages sur Tristan

Tristan et Iseut d'Emmanuèle Baumgartner, (sur les *Tristan* en vers du XIIe siècle), PUF, « Études littéraires », 1987.

Les Romans de Tristan et Iseut de Françoise Barteau, Introduction à une lecture plurielle, Larousse, « Université L », 1972.

Le Roman de Tristan et Iseut de Valérie Lackovic (sur le roman de Bédier), Ellipses, « Résonances », 1999.

Tristan et Iseut (sur le roman de Bédier), Ellipses, « Analyses et réflexions », 1991.

L'Amour et l'Occident de Denis de Rougemont (sur la signification du mythe de Tristan), Plon, 1938.

« Structure et sens du Tristan, version commune, version courtoise » de Jean Frappier, dans *Cahiers de civilisation médiévale*, VIe année, 1963.

• Lectures complémentaires

Lancelot ou le Chevalier de la charrette de Chrétien de Troyes, traduction de Michel Tarpinian, Ellipses, « Retour au texte », 1996.

Cligès de Chrétien de Troyes, Livre de poche, « Lettres gothiques », 1994.

Yvain ou le Chevalier au lion de Chrétien de Troyes, Livre de Poche, « Lettres gothiques », 1994.

TABLE DES MATIÈRES

Achevé d'imprimer en août 2001
sur les presses de Normandie Roto Impression s.a.
à Lonrai (Orne)
N° d'imprimeur : 011934
Dépôt légal : août 2001

Imprimé en France